总第82辑（2022.2）

中国审判指导丛书

执行工作指导

最高人民法院执行局 编

人民法院出版社

图书在版编目（CIP）数据

执行工作指导. 总第82辑 / 最高人民法院执行局编
. -- 北京 : 人民法院出版社, 2023.8
（中国审判指导丛书）
ISBN 978-7-5109-3831-3

Ⅰ. ①执… Ⅱ. ①最… Ⅲ. ①法院一执行(法律)一中国 Ⅳ. ①D926.2

中国国家版本馆CIP数据核字(2023)第130795号

执行工作指导 2022年第2辑（总第82辑）
最高人民法院执行局 编

策划编辑 兰丽专
责任编辑 丁塞峨
出版发行 人民法院出版社
地　　址 北京市东城区东交民巷27号（100745）
电　　话 （010）67550656（责任编辑） 67550558（发行部查询）
　　　　　65223677（读者服务部）
网　　址 http://www.courtbook.com.cn
E - mail courtpress@sohu.com
印　　刷 三河市国英印务有限公司
经　　销 新华书店

开　　本 787毫米×1092毫米 1/16
字　　数 198千字
印　　张 13.25
版　　次 2023年8月第1版 2023年8月第1次印刷
书　　号 ISBN 978-7-5109-3831-3
定　　价 68.00元

《执行工作指导》
编辑委员会

投稿电子信箱 zhixingcankao@ sina. com

《执行工作指导》
特约编辑

《执行工作指导》
特约通讯员

目　　录

【调研与实证】

【执行管理和信息化专题】

【最高人民法院案例与解析】

【地方法院案例与解析】

【大法官论坛】

当前民商事审判中几个方面的法律适用问题

刘贵祥*

近年来，人民法院在民商事审判工作中，以习近平新时代中国特色社会主义思想为指导，深入学习贯彻习近平法治思想，坚持党的绝对领导，坚持中国特色社会主义法治道路，坚守司法为民、公正司法的初心使命，不断强化中国特色社会主义民商事审判理念，完善统一民商事法律适用工作机制，精准服务党和国家经济社会发展大局。本文仅就当前民商事审判中几个方面较为突出的法律适用问题，梳理实践共识及面临的分歧与难题，并力所能及地提出一些不成熟的思考。特别是文中所论及的刑民交叉问题，由于笔者对刑法缺乏研究，深感力有不逮，因此所提出的解决方案仅仅是一孔之见，难免有不周全或有失偏颇之处，还请大家共同讨论研究。

一、关于审理刑民交叉案件的几个问题

在司法实践中，存在这样一种现象，同一合法权益受到民法、刑法等不同部门法的多重保护，同一法律事实引起的法律关系的变动受到民法、刑法等不同部门法的多重调整，民商事纠纷的处理与刑事案件的处理存在竞合关系或关联关系，需要综合协调运用民事、刑事等多个部门

---

* 最高人民法院审判委员会副部级专职委员，二级大法官。

法进行判断，或者需要从程序上、实体上正确处理多个部门法之间的相互关系，以达到既惩罚犯罪，又保护合法民事权益的目的。这种现象被统称为刑民交叉。刑民交叉是民商事审判中的一个老问题，又是一个至今存在诸多争议、实务中未完全形成统一裁判规则的重大疑难问题。随着学界的深入研究、审判实务的不断探索，逐渐形成一些共识，殊值提炼总结，更需对一些模糊认识和失当操作予以澄清，对一些分歧进行再探讨。

（一）刑民关系的由来及变迁

20 世纪 80 年代中期，人民法院在审理经济纠纷时往往发现涉及经济犯罪问题，为了处理好审理经济纠纷与打击经济犯罪的关系，有效解决审理经济纠纷时发现经济犯罪不移送及移送不畅等问题，确保依法及时惩处经济犯罪，1985 年最高人民法院、最高人民检察院、公安部发布《关于及时查处在经济纠纷案件中发现的经济犯罪的通知》（以下简称 1985 年《查处经济犯罪通知》）。此后，1987 年最高人民法院、最高人民检察院、公安部又发布《关于在审理经济纠纷案件中发现经济犯罪必须及时移送的通知》（以下简称 1987 年《经济犯罪移送通知》）。一般认为，1985 年《查处经济犯罪通知》与 1987 年《经济犯罪移送通知》确立了“先刑后民”规则。但是，1985 年《查处经济犯罪通知》与 1987 年《经济犯罪移送通知》关于“审理经济纠纷时发现经济犯罪一般应全案移送”的规定看，更大程度上体现的却是对案件的定性并据此选择刑事程序还是民事程序的问题，而非在刑事程序和民事程序并存的情况下何者优先的问题。因此，以“先刑后民”概括 1985 年《查处经济犯罪通知》与 1987 年《经济犯罪移送通知》确立的规则并不准确。此外，在当时经济社会发展状态下，1985 年《查处经济犯罪通知》与 1987 年《经济犯罪移送通知》确立的规则具有时代的合理性，至今亦有现实意义。但是，遗憾的是 1985 年《查处经济犯罪通知》与 1987 年《经济犯罪移送通知》对全案移送、部分移送的基本标准，以及分案处理情况下是

"先刑后民"还是"刑民并行"，都没有明确规定。随着社会主义市场经济的发展，经济关系、社会关系乃至法律关系日益复杂多元，将民事程序与刑事程序割裂开来，认为二者是非此即彼的关系，势必造成相关规则的滥用。实践中，一度出现的以刑事案件的名义插手民事纠纷、把民事纠纷当作刑事犯罪案件办理等现象也说明这一点。这些现象引起社会高度关注，促使实务界开始反思究竟什么情况下人民法院在民事诉讼中应该驳回起诉，将案件移送刑事侦查机关？什么情况下民事诉讼与刑事诉讼分别进行，即"刑民并行"？这种反思在有关司法解释或司法文件中多有体现，如1997年《最高人民法院关于审理存单纠纷案件的若干规定》（法释〔1997〕8号）第三条第二款最后一句规定："对于追究有关当事人的刑事责任不影响对存单纠纷案件审理的，人民法院应对存单纠纷案件有关当事人是否承担民事责任以及承担民事责任的大小依法及时进行认定和处理。"事实上，在1997年至2005年，各级法院按照分开审理的思路，处理了一大批以存单为表现形式的借贷纠纷，既及时保护了当事人的合法权益，又惩罚了相应的犯罪行为。1998年发布的《最高人民法院关于在审理经济纠纷案件中涉及经济犯罪嫌疑若干问题的规定》（以下简称1998年《经济犯罪规定》），较系统地规定了人民法院在审理刑民交叉案件时刑事程序与民事程序的关系，如第一条规定"同一公民、法人或其他经济组织因不同的法律事实，分别涉及经济纠纷和经济犯罪嫌疑的，经济纠纷案件和经济犯罪嫌疑案件应当分开审理"，第十条规定"人民法院在审理经济纠纷案件中，发现与本案有牵连，但与本案不是同一法律关系的经济犯罪嫌疑线索、材料，应将犯罪嫌疑线索、材料移送有关公安机关或检察机关查处，经济纠纷案件继续审理"。可以认为，自1998年《经济犯罪规定》以来，"同一法律事实"或"同一法律关系"成为处理刑民交叉案件中程序关系的基本标准，并且"刑民并行"规则得到进一步强化。例如，2014年《最高人民法院、最高人民检察院、公安部关于办理非法集资刑事案件适用法律若干问题的意见》（以下简称2014年《办理非法集资刑事案件意见》）、2015年《最高人民法院关于审理民间借贷案件适用法律若干问题的规定》（以下简称《民间借贷规定》）乃至 2019 年《全国法院民商事审判工作会议纪要》（以下简称《九民会纪要》）等，均有类似明确规定，在一定程度上解决了实践中可操作性、精准化问题。但是，其一，实践中对于如何界定“同一事实”仍存在不同的认识。其二，即使在“同一事实”的背景下，也有人担忧刑事案件受害人的民事权益能否通过刑事程序获得全面的保障，当事人是否仍有提起民事诉讼的可能和必要。其三，在“刑民并存”时，如何确保人民法院对民事案件的处理与刑事案件的处理在结果上的一致性？此外，在通过刑事程序实现对受害人的民事权益进行救济时，如何从程序上保障案外人的合法权益，也是一个亟待解决的问题。

（二）“同一事实”的进一步界定

虽然 2014 年《办理非法集资刑事案件意见》之后的司法解释及司法文件将 1998 年《经济犯罪规定》所称的“同一法律事实”表述为“同一事实”，但并未有意作实质性改变，只是认为以“同一事实”表述更为准确，在此不赘。然而，在实践中如何界定“同一事实”确是需要厘清的一个问题。据对 2021 年之前 1232 份“涉违法发放贷款罪金融借款合同纠纷”裁判文件分析，涉及审理模式选择的共有 857 份，其中采取刑事程序处理的占比 50.53%，采取“刑民并行”的占比 49.47%。对比发现，在相同情况下，部分案件选择了刑事程序处理，而部分案件却选择了“刑民并行”的处理模式，说明实践中在处理“刑民交叉”案件时，仍存在适用程序上不一致问题。正因为如此，《九民会纪要》第 128 条针对实践中的问题，进一步明确了不适用刑事程序吸收民事程序而应适用“刑民并行”的五种具体情形，以避免实践中把本应分别处理的案件有意无意地仅以刑事程序处理。但是，《九民会纪要》没有对何谓“同一事实”作进一步概括性界定。总结近年来的司法实践，可以认为，“同一事实”应是指民事案件与刑事案件主体相同且民事案件的基本事实与刑事案件的基本事实存在竞合或基本竞合的情况。首先，构成“同一事实”，最为重要的是要刑民案件的主体相同，从1998年《经济犯罪规定》以来的司法解释及司法文件规定看，“同一事实”情况下人民法院一般要将案件移送其他司法机关，驳回民事案件当事人起诉。如果主体不同，只是一个刑民程序先后问题，就不应以一个程序代替另一个程序。因此，如把主体不相同的刑民交叉案件定位为“同一事实”，与多个司法解释及司法文件所规定的仅以刑事程序处理案件的情形不相符、不协调，从而影响类型化处理刑事程序与民事程序关系的可操作性、针对性。其次，这里所说的事实是指案件事实，与我们常说的“查明事实”“事实不清”无异。同时，还需进一步限定为“案件基本事实”。从民事诉讼的视角观察，是关系当事人基本的权利义务、民事责任有无的事实。从刑事诉讼的视角观察，是关系罪与非罪、此罪与彼罪的事实。刑民“案件基本事实”不存在竞合或基本竞合的，不应作为“同一事实”。比如，甲与乙签订一份机器设备租赁合同，甲在租赁期间擅自将该机器设备出卖给丙，所得价款部分用于支付乙的租赁费，部分挥霍。乙要求甲返还机器设备，甲无法返还，乙遂向人民法院提起民事诉讼，请求甲返还设备或赔偿损失，同时向公安机关报案，后刑事判决认定甲构成合同诈骗罪。对此刑民交叉案件是否属于“同一事实”，有两种观点：一种观点认为，甲卖掉机器设备及价款的流向这一事实，对民事案件而言无足轻重，不影响甲承担违约责任，故不属民事案件的基本事实，而对甲的合同诈骗罪而言是关系定罪的基本事实。因此，尽管刑民案件主体相同，但案件基本事实不相同，应按“刑民并行”处理。另一观点认为，甲乙签订合同、履行合同的事实同属刑民案件的基本事实，且通过刑事追赃退赔也能实现乙的合法权益，故民事案件应驳回起诉，移送公安机关按刑事案件处理。笔者倾向于第一种观点，本刑事案件中据以对甲定罪量刑的事实与民事案件中据以认定甲违约的事实，不存在竞合或基本竞合。何况对民事案件而言，甲违约事实清楚，足以认定其违约，在已经启动民事诉讼程序的情况下，似既无以刑事程序吸收民事程序之必要，也无“先刑后民”之必要。何况，如仅按刑事程序处理，刑事退赔仅限于机器设备损害，租赁费、违约金等损失难以得到填补。在另一案例中，A 作为 B 公司的财务人员挪用公司财务资金，在对 A 按职务侵占罪判处刑罚的情况下，B 公司又提起民事诉讼，要求 A 赔偿因挪用公司资金所造成的各种损失。对此案例，刑民案件属于“同一事实”并无争议，争议在于在刑事案件已判令 A 向 B 公司退赔所挪用资金的情况下，是否应驳回 B 公司的起诉。对此类争议容下述及。

（三）“同一事实”情况下刑事程序对民事程序的吸收及例外

基于上述对“同一事实”的界定，一般情况下，刑民案件构成“同一事实”的，通过刑事退赔，可以维护刑事受害人同时也是民事案件一方当事人的合法权益，按照“一事不再审”原则，不宜“刑民并行”，而应以刑事程序吸收民事程序。对此，有关刑事方面的司法解释有比较明确的规定。例如，《最高人民法院关于适用〈中华人民共和国刑事诉讼法〉的解释》（以下简称《刑事诉讼法解释》）第一百七十六条规定：“被告人非法占有、处置被害人财产的，应当依法予以追缴或者责令退赔。被害人提起附带民事诉讼的，人民法院不予受理。追缴、退赔的情况，可以作为量刑情节考虑。”《最高人民法院关于适用刑法第六十四条有关问题的批复》（法〔2013〕229 号）规定：“追缴或者责令退赔的具体内容，应当在判决主文中写明；其中，判决前已经发还被害人的财产，应当注明。被害人提起附带民事诉讼，或者另行提起民事诉讼请求返还被非法占有、处置的财产的，人民法院不予受理。”此外，1998 年《经济犯罪规定》第十一条、2014 年《办理非法集资刑事案件意见》第七条、《民间借贷规定》第五条，均有类似规定。根据这些规定，典型的因“同一事实”而以刑事程序吸收民事程序的情形主要包括以下四类。

其一，以表面上的民事法律关系掩盖双方共同犯罪行为的，无以民事程序给予保护之必要，民事案件不应受理，移送有关司法机关按刑事案件处理。比如，以股权转让合同进行利益输送，实为贿赂犯罪；又如，名为买卖合同，实为毒品、违禁品交易；等等。

其二，非法吸收公众存款或集资诈骗采取刑事集中处理的司法机制，当事人的民事权利通过刑事追赃退赔的方式解决，只要刑事程序中没有出现不构成相应涉众犯罪的处理结果，不应再继续或重新启动民事诉讼或执行程序。亦即当事人再另行提起民事诉讼的，按“一事不再理”原则不予受理或驳回起诉。原已启动的民事诉讼程序中“中止审理”的，在刑事生效裁判作出后，按驳回起诉处理；“中止执行”的，按终结执行处理。司法实践证明，这是符合我国国情且行之有效的做法。以“e租宝”案为例，通过刑事追赃，按照一定的法律规则确定退赔比例，高效且最大化地维护了受害人的合法权益。我们无法想象，对此类涉及数十万名受害人的案件，通过民事审判执行或破产程序能够取得比刑事集中处理更好的效果。

其三，刑事附带民事诉讼与另行提起民事诉讼只能二选一，不能对在刑事附带民事诉讼中未予支持的诉讼请求另外提起民事诉讼。司法实践中已经注意到，依据有关司法解释规定，关于人身损害赔偿的范围，刑事附带民事诉讼与另行提起民事诉讼可能存在差别，确有再作深入研究之必要，但不能成为二者并用的理由。当然，一些当事人在提起刑事附带民事诉讼后又撤诉，再另行提起民事诉讼的，人民法院应当受理。

其四，即使不属于涉众型犯罪，通过刑事追赃退赔基本可以实现与民事诉讼相同的保护合法权益之目的的，不宜另行通过民事诉讼处理。问题是，刑民“同一事实”情况下，如刑事退赔不能填补被害人损失，是否可以待刑事案件有处理结果后，另行提起民事诉讼。对此，实践中存在争议。刑事审判工作者多认为，在对刑事犯罪分子予以刑事处罚情况下，通过追缴退赔已基本能够弥补受害人的直接损失，即便是通过民事程序判决了更多赔偿，也无实际执行之可能，导致空判，徒增诉累和诉讼成本；此外，刑事程序一般把犯罪嫌疑人退赔被害人损失多少作为其犯罪情节轻重，乃至量刑幅度的考量因素，能够促使其家属积极配合退赃或筹集资金弥补被害人损失，使在犯罪嫌疑人现有财产状况下被害人利益得到最大限度维护，这是民事程序中所难以企及的功能。因此，应以实事求是的态度处理此类问题为宜。民事审判工作者多认为，刑事追缴退赔虽越来越规范，但退赔范围往往局限于直接损失，无论是侵权责任，还是合同责任，刑事退赔范围多小于民事赔偿范围，仅刑事退赔不能填补受害人的损失，特别是合同纠纷中，直接损失与履行利益损失有比较大的差距；何况，刑事方面的有关司法解释只是规定“另行提起民事诉讼请求返还被非法占有、处置财产的，人民法院不予受理”，并未明确另有损失，特别是对合同履行利益损失，不能另行提起民事诉讼；至于能否实际履行，不能仅以眼前情况判断，犯罪分子刑满后也有可能重获偿债能力，特别是近年来犯罪分子通过多层级、错综复杂、或明或暗的关联企业开展经营活动，对其履行能力一时亦难辨真假。应当说，两种观点确均有合理之处。刑事退赔有时达不到填补被害人民法意义上的损失的效果这是事实，而绝大多数另行提起民事诉讼难以得到实际执行也是事实。基于司法为民、公正司法的基本理念，设身处地为被害人考虑，可区别不同情况处理：在被害人另行提起民事诉讼时，人民法院应审查刑事裁判所确定的退赔范围是否基本能够填补被害人的实际损失，能够填补其损失的，原则上不予受理，已受理的，驳回起诉，但被害人有权提起附带民事诉讼的除外；在经初步审查刑事退赔不能填补被害人的损失的，应向被害人释明执行不能等诉讼风险及诉讼成本，受害人坚持起诉的予以受理。在刑民案件属于“同一事实”的情况下，实践中还需注意一些刑事程序不宜吸收民事程序的例外情况。

其一，刑事案件处理结果出现特殊情形的，即便是因刑民系“同一事实”而有关司法解释作了“不予受理”“驳回起诉”或移送其他司法机关的规定，当事人再次提起民事诉讼的，亦应受理。这些情形包括：侦查机关决定不立案或撤销案件，检察机关对刑事案件不起诉或撤回起诉，生效刑事裁判认定涉嫌刑事犯罪当事人不构成犯罪等。但是，对已经提起的附带民事诉讼，经调解达成协议或者一并作出刑事附带民事判决的除外。

其二，实践中还存在未严格把握“同一事实”界限，把民事诉讼主体与刑事诉讼主体不相同，而案件基本事实相同的情况按“一事不再审”处理的现象，确应切实予以避免。如《九民会纪要》第128条列举的五种具体情形，不仅犯罪分子应承担退赔责任，其他关联民事主体还应承担相应的民事责任，刑事退赔无法解决其他民事主体责任问题，无疑不能剥夺当事人的民事诉权。

其三，实践中，被害人多在向公安机关报案的同时，提起民事诉讼，人民法院对是否属于“同一事实”在立案时难以作出判断，一般不宜简单的不予受理或驳回起诉，可受理后根据情况决定是否中止审理；待刑事案件有处理结果后，再决定是否驳回起诉或继续审理。从这种意义上而言，即使刑民交叉案件属于“同一事实”，不仅存在以刑事程序吸收民事程序的情况，也存在“先刑后民”的情况。在中止审理问题上，与下述的非“同一事实”情况下的“先刑后民”基本相同。

（四）非“同一事实”情况下“先刑后民”规则的适用

“同一事实”的定位，旨在解决什么情况下刑事程序吸收民事程序及其例外的问题，那么，在非“同一事实”的情况下，民事案件与刑事案件一般应分别审理，即“刑民并行”。但是，民事案件查明的事实如果与刑事案件事实存在牵连关系，虽不影响刑民案件分别审理，但可能面临一个程序先后的问题。《民间借贷规定》第七条、《九民会纪要》第130条依据现行民事诉讼法第一百五十三条第五项均规定民事程序的基本案件事实必须以刑事案件审理结果为依据，而该刑事案件尚未审结的，应当裁定中止诉讼。这种情况体现的就是程序顺序问题，属于典型的适用“先刑后民”规则的情形。至于何为《九民会纪要》第130条规定的“必须以相关刑事案件的审理结果为依据”，主要包括以下几种情况。

其一，在民事案件审理中基本事实无法查清，或者依据民事证据规则认定事实，可能严重背离客观真实，以致可能出现显失公正的裁判结果的情况下，如果刑事案件的处理结果更有利于查明事实真相，有利于所认定的民事案件基本事实最大限度地接近客观真实，则有必要中止民事诉讼。比如，在一银行存款纠纷案件中，银行主张存款人的存款未存入其账户，而是存入了其他人的账户，存款人所持存单与其存款账户存款不符；存款人主张其款项之所以未存入其账户，是因为银行工作人员向其出具伪造的存单，并把其款项存入他人存单项下的账户。本案中是存款人的工作人员与银行工作人员共谋，还是系一方犯罪造成，这些事实对认定银行民事责任关系重大，刑事程序未作出裁判，民事程序相关基本事实无法查清，显属应当中止的情形。

其二，民事案件当事人以刑事犯罪相关事实作为支持其主要诉讼请求依据的，在刑事案件尚未有处理结果时，一般应当中止民事诉讼。比如，借贷合同纠纷中，担保人主张借款人向出借人的法定代表人行贿，恶意串通骗取其提供担保。因出借人与借款人是否存在恶意串通，直接关系担保人是否承担担保责任，而正在办理的刑事案件是否认定出借人的法定代表人构成受贿罪，受贿罪与此合同签订是否有关系，对是否免除担保责任关系重大，因此应当中止相应的民事诉讼。

其三，直接关系民事合同效力认定、是否承担民事责任、民事责任大小的关键证据，依赖刑事案件处理结果的。比如，在审理合同纠纷时，一方当事人主张公章虽真实，但系犯罪分子盗盖。在民事案件审理过程中，从各种情况判断其主张有较大的可能性，但又难以认定的，可以根据刑事程序的进展情况，确定是否等待刑事程序获取相关证据。又如，甲公司与乙公司签订煤炭购销合同，但在庭审时各方所出具的合同文本中所载明的付款方式、交货方式不一致，各持的合同文本中本方的公章是真章，而对方的公章均是假章；甲公司主张交付了煤炭却没有得到相应的货款，乙公司主张交付了货款却未得到煤炭。该案双方当事人各持的主要合同条款不同的合同是如何形成的，抓捕在案的诈骗犯的供述是关系甲公司、乙公司过错大小的关键证据，故需要根据诈骗刑事案件的处理结果予以认定。

此外，实践中是否中止民事诉讼程序，并非完全基于事实查明的考量，还可能基于其他因素：公权力先行救济更有利于认定责任主体，或者更有利于节约诉讼成本，提高诉讼效率的。例如，高空抛物民事纠纷需公安机关查明具体侵权人。刑事先决更有利于最大限度避免刑民判决的根本冲突，衍生更多民事诉讼的。例如，民事诉讼争议的标的物被刑事案件查封扣押，标的物系犯罪嫌疑人的合法财产或者违法所得，还是案外人财产需要刑事程序认定。又如，在犯罪分子复杂的诈骗链条中，嵌套了多个主体的合同关系，就某一个合同关系提起民事诉讼，事实基本清楚，也可按民事规范认定相应的民事责任。但是放在整个犯罪链条中去考量，让某个合同当事人承担责任可能有失公正，还有可能与后续刑事程序的处理结果出现冲突。此种情况待刑事侦查或刑事裁判有结果后，再系统考量民事责任为宜。

还应注意的是，实践中往往因嫌犯逃匿等客观原因使刑事程序受阻而迟迟不能侦查终结、提起公诉或继续审理，民事诉讼程序是否可以启动，中止审理的是否可以继续审理？笔者认为，对于类似特殊情况，应以有利于保护当事人的合法权益为出发点，不应僵化机械地固守“先刑后民”规则，民事诉讼程序可就能够查清事实的部分，先行判决并执行，特别是涉及人身损害的情况，更应如此。民事判决生效并执行后，如果后来作出的刑事生效判决认定的事实与民事判决认定的事实不一致，且足以推翻民事判决的结果，则可通过审判监督程序纠正民事判决，再通过执行回转等制度对当事人进行救济。当然，司法实践中面临的问题往往是复杂的，从司法机关近年来所处理的刑事案件看，犯罪嫌疑人潜逃导致刑事程序难以推进的不少是涉众型的非法集资、电信诈骗案件，查扣冻在案的涉案财产往往远不足退赃退赔。这种情况下，以刑事程序按一定的规则对追缴的财产先行处置分配给受害人，可能是一个比较切合实际的选择，而启动民事诉讼程序亦难以达到及时维护受害人合法权益、社会稳定之效果。

（五）“刑民并行”情况下刑事与民事裁判冲突的解决及对案外人权益的程序性救济

在刑事案件与民事案件非“同一事实”或民事案件无须以刑事案件

裁判结果为依据的情况下，民事案件与刑事案件应分别审理，但如何避免裁判冲突，如何从程序上对刑事案件的案外人给予救济，也是刑民交叉案件面临的一个突出问题。

其一，如何解决刑民分别裁判情况下被害人重复受偿问题。有关司法解释，特别是《九民会纪要》明确了诸多“刑民并行”的情况，但实践中一些法院因担心刑事裁判追缴退赔与民事责任裁判出现同一当事人重复受偿的问题，故偏好于通过“中止审理”或“延长审限”等方式等待刑事裁判结果。其实，一般情况下这是不必要的。如果刑事案件的受害人通过追赃退赔已部分实际获赔，在民事案件审理过程中就可作为查明的事实，将其从损失中予以扣除。而如果没有实际退赔，在刑民各自作出裁判后，通过在执行程序中合并执行或协调执行即可避免发生重复受偿问题。需注意的是，在民事案件未作出生效判决前，如果生效刑事判决已判令追缴退赔的明确数额，且刑事案件与民事案件的当事人完全相同，则无论刑事判决确定的退赔数额是否实际执行，民事判决一般均应予以扣除，以尽量避免刑事判决和民事判决作出的部分赔偿范围出现重合。但是，如果刑事判决尚未作出或者虽已作出但未判令追缴退赔的数额，则民事判决可以就全部损失作出判决，再在执行程序中根据刑事判决的执行情况进行调整。例如，在一起刑民交叉案例中，刑事案件尚未就追缴犯罪分子甲骗取的案款 5000 万元退赔给乙农商行作出判决；民事判决先判令丙银行对乙农商行 5000 万元的损失承担 80%的赔偿责任，乙农商行自行承担 20%的损失，并在判决书中明确：后续刑事程序中追回退赔给乙农商行的款项扣减乙农商行相应损失基数；如丙银行已履行 80%的赔偿责任，刑事赃款追回部分按 80%分配给丙银行。该民事判决对刑事退赔与民事责任关系的裁判明确而具体，可为参考范例。此外，如果民事案件与刑事案件的主体不同，则即使生效刑事判决已判令追缴退赔的明确数额，但如果未实际执行到位，对于未实际执行的部分，民事判决也不应扣除，并应在判决书中明确：当事人实际应承担的民事责任应根据刑事判决的执行情况进行调整，或者当事人承担民事责任后，如刑事判决的执行取得进展，应根据民事判决确定的比例分配给民事案件的当事人。

其二，刑事裁判涉及案外人权益从程序上如何救济？刑事案件处理中，对一些财产的追缴，可能涉及案外人合法权益，而案外人对财物处置有异议的，如何从程序上给予相应救济？对此，《刑事诉讼法解释》第二百九十七条、第四百五十一条与《最高人民法院关于刑事裁判涉财产部分执行的若干规定》（法释〔2014〕13号，以下简称《涉财产部分执行规定》）第十五条给出了救济路径，即案外人对查封、扣押、冻结的财物及其孳息提出权属异议的，人民法院应当听取案外人的意见，必要时，可以通知案外人出庭；案外人认为已经发生法律效力的裁判侵害其合法权益而提出申诉的，人民法院应当受理；在执行程序中案外人认为刑事裁判中对是否属于赃款赃物认定错误的，可通过刑事审判部门作出补正裁定，无法作出补正裁定的，按刑事审判监督程序处理。

其三，刑事裁判与民事裁判对同一标的物作出矛盾裁判时如何处理？实践中，因刑民案件诉讼当事人、参加人不同而可能出现民事判决与刑事判决冲突。比如，刑事判决认定一房产系犯罪分子甲非法占有而追缴退赔给受害人乙，而另一民事判决判令甲向买卖合同买受人丙交付该房产。这就出现乙、丙对同一房产的权利冲突，而这种冲突是刑民两个判决不一致造成的。类似情况通过刑事、民事审判监督程序均可予以救济，关键看是刑事案件的受害人作为民事案件的案外人对民事案件申请再审，还是民事案件的当事人作为刑事案件的案外人提起申诉。但无论启动刑事还是民事审判监督程序，均应将刑事、民事案件合并审查，以判断哪个案件存在认定事实或适用法律错误，从而解决两个裁判的冲突。

（六）刑事追缴退赔与案外人权益保护的关系

我国刑法第六十四条在财产刑之外规定了对犯罪分子一切违法所得予以追缴、责令退赔、返还被害人的合法财产等刑事措施。应当说，追缴是一个手段，追缴有三种结果：一是上缴国库；二是返还被害人；三是无法返还情况下责令按价退赔。在这三种情况下，如果所追缴的财物被第三人取得，如何解决与第三人合法权益保护的关系？在法律适用上是否应有所区别？我们常提到的善意取得在什么情况下可以适用，什么情况下不能适用？这些问题都需要区别不同情况条分缕析。否则，泛泛谈追缴、善意取得，很可能导致法律适用上的错误或作出不公正的裁判。

其一，赃款追缴与案外人权益保护的关系。货币作为一种特殊的种类物，具有高度的可替代性，多适用“占有与所有一致”的特殊规则，无法适用民法上的物权变动、善意取得制度来解决其权属变动及取得问题。因此，在刑事追缴问题上与其他财产形式的追缴应有所区别。在赃款无合法原因或合理对价而流向其他主体的情况下，“一追到底”是没有问题的。但是，如赃款用于支付正常市场交易的价款，再向取得该价款的案外人追赃则缺乏正当性和合法性。因此，《刑事诉讼法解释》第四百四十三条规定：“被告人将依法应当追缴的涉案财物用于投资或者置业的，对因此形成的财产及其收益，应当追缴。被告人将依法应当追缴的涉案财物与其他合法财产共同用于投资或者置业的，对因此形成的财产中与涉案财物对应的份额及其收益，应当追缴。”该规定基本明确了在赃款通过正常市场交易转换为其他财产形式的情况下，只能追缴相应财产。比如，犯罪嫌疑人用包括赃款在内的资金购买了土地使用权，出卖人所得价款是以土地使用权换取的对价，不应作为赃款追回。此时如果土地使用权仍旧属于犯罪嫌疑人，则赃款已转化为赃物，可以追缴自不待言；如果犯罪嫌疑人已将该土地使用权再行转让给他人，并取得合理对价，该对价又转化为赃款，但无论该款是否存在，都与取得土地使用权的当事人无关，不应再穿透到交易相对人进行所谓的追赃；如果犯罪嫌疑人以上述土地使用权向银行贷款抵押，因土地使用权还在犯罪嫌疑人名下，司法机关可以采取查封措施，但最终不应影响银行行使抵押权。再以犯罪所得赃款投资入股为例，此时赃款已转化为股权，则不应向目标公司追缴相应款项，而只能追缴股权，以股权价值退赔受害人。对此，《最高人民法院关于适用〈中华人民共和国公司法〉若干问题的规定（三）》

第七条第二款针对实践中出现的向目标公司追缴出资款的情况作了相应规定。问题是，实践中犯罪分子投资入股某公司后，该公司又向其他公司再投资，取得巨大收益，是否对此收益一概追缴，有不同观点。笔者认为，无论是从退赔受害人的角度，还是从没收罪犯全部违法所得的角度，对此再投资收益都应予以追缴，只是要厘清犯罪分子在其投资入股公司所占股权比例，按利润分配规则追缴其相应份额。

实践中另一常见的问题是，犯罪分子将所得赃款用于偿还其合法债务，是否可以向受清偿的债权人追缴赃款。2011 年发布的《最高人民法院、最高人民检察院关于办理诈骗刑事案件具体适用法律若干问题的规定》（法释〔2011〕第 7 号，以下简称《办理诈骗刑事案件规定》）第十条，2016 年发布的《最高人民法院、最高人民检察院、公安部关于办理电信网络诈骗等刑事案件适用法律若干问题的意见》第二条，以及 2019 年发布的《最高人民法院、最高人民检察院、公安部、司法部关于办理黑恶势力刑事案件中财产处置若干问题的意见》第十六条等规定，应当追缴、没收的财产用于清偿债务，只有四种情况下可以追缴：案外人明知是违法犯罪所得；无偿或者明显低于市场价格；源于非法债务或犯罪行为形成的债务；案外人以其他方式恶意受偿。这意味着只要债权人系合法债务且不明知所偿还款项系违法犯罪所得，属于善意债权人，则不应追缴。既然近十余年来相关司法解释及司法文件中对犯罪分子以违法犯罪所得清偿债务问题有一系列的规定，司法实践中一般应当严格遵守。有观点认为，以犯罪所得赃款清偿债务，即便债权人属于善意，也不能绝对化，而应区分情况。如果作为非法所得追缴归国库，基于民法典关于民事债权优于公债权之规定，不应追缴；如追缴的目的是用于退赔被害人，则关系两个民事债权冲突如何平衡问题。犯罪分子本已无清偿能力，债权人面临不能清偿的风险，而以赃款清偿债务不予追缴相当于以被害人不应有的损失去承担债权人本应承担的债权不能清偿的风险，对被害人实属不公。此观点有一定的合理性，实践中确实存在犯罪分子“拆东墙补西墙”，在短时间内通过资金连续倒账偿还债务等情况，让前手被害人完全承担犯罪行为所产生的损失，确有违一般人的公平观念。事实上，有关司法解释关于债权人不具善意性的情况下（所规定的可以追缴的几种情况）应予追缴的规定，可以说已对可能出现的不公平情况进行了考量。但从进一步完善制度的角度考虑，规定对特定期限内以赃款偿还债务的可以追缴退赔，或者按一定比例退赔，可能更具合理性。

其二，赃物追缴与案外人权益保护的关系。在犯罪行为直接涉及的是赃物，也就是特定动产或不动产的情况下，则应与上述赃款问题有所区别。例如，行为人以犯罪行为违法取得他人土地使用权，而后转让或抵押给第三人。对此类问题是否可以适用善意取得制度，素有争议。物权法及民法典均未作规定，而现行司法解释有关于适用善意取得的规定，如前述的关于《办理诈骗刑事案件规定》第十条第二款规定，他人善意取得诈骗财物的，不予追缴。2014 年《办理非法集资刑事案件意见》第三条亦作了完全相同的规定。此外，《涉财产部分执行规定》第十一条第二款规定，第三人善意取得涉案财物的，执行程序不予追缴，由诉讼程序处理。这一司法解释实际上未对从实体上是否适用善意取得制度作出规定，只是明确执行程序不予追缴。由于有关诈骗犯罪的两个司法文件明确了“他人善意取得诈骗财物不得追缴”，一种观点认为，其他刑事犯罪赃物追缴与诈骗犯罪并无实质区别，应参照适用；另一种观点则认为，不宜扩大该规定的适用范围，应仅限于现行司法解释规定的情形。笔者认为，该司法解释对善意取得问题的规定是一个比较笼统的规定，不能与民法典第三百一十一条关于善意取得制度的规定画等号。试分析如下。

就刑事赃物追缴而言，应区分两种情况：其一，追缴犯罪分子一切违法所得上缴国库。此种情况着重点在于追缴犯罪分子的一切违法所得。在犯罪分子将违法取得的财物通过正常市场交易转让的情况下，违法所得是其因此所取得的价款或其他对价物及相应的收益。显然，不知情的第三人按正常的市场交易支付对价所取得的相应财产不属于犯罪分子的违法所得，不应追缴。其二，追缴犯罪分子各类财产退赔给被害人。如前所述，基于返还被害人合法财产及退赔被害人的追缴，其范围不限于犯罪分子违法所得，还包括犯罪分子的合法财产。[①] 因此，首先应甄别该特定财产是犯罪分子违法所得还是合法财产。如果是合法财产，谈不上无权处分，交易完成，所有权发生转移，没有任何追回退赔之理由。如果是违法所得，则需进一步明确，是为退赔被害人损失而追缴的犯罪分子的其他违法所得，还是追缴被害人享有物权的特定物。就前者而言，与前述追缴犯罪分子违法所得上缴国库的情况相同，在第三人按正常市场交易支付对价情况下，已非犯罪分子违法所得，不应追缴。只有被害人享有物权的特定物被犯罪分子无权处分时，才关系能否适用善意取得制度的问题。

善意取得制度是为了保护交易安全针对无权处分而作出的例外规定，其适用范围原则上应以现行民事法律为依据，从民法典第三百一十二条对遗失物处分所作的区别于善意取得的规定看，民法典第三百一十一条规定的善意取得不能适用于遗失物无权处分的情况，举轻以明重，原则上也不应适用于犯罪分子违法所得，即赃物无权处分的情况。比较民法典第三百一十一条与第三百一十二条之规定可知，善意取得所适用的是有权占有情况下的无权处分，而第三百一十二条适用的是无权占有情况下的无权处分，犯罪分子违法所得转让显然也是无权占有情况下的无权处分，与遗失物转让相类似。在民法典未对赃物无权处分问题作专门规定的情况下，可类推民法典第三百一十二条规定，解决被害人与第三人的权利冲突。具体而言，在被害人请求第三人返还标的物的情况下，应向第三人支付其购买此标的物时所支付的等额价款；如被害人只是请求退赔损失或被害人无法向第三人支付相应价款，只能对标的物溢价部分款项受偿。应强调的是，按第三百一十二条处理赃物追缴问题，必须符合第三百一十二条规定的其他适用条件，即案外人必须是通过拍卖或者

---

① 因为追缴退赔旨在弥补被害人的损失，如仅限于违法所得，在违法所得已灭失或不足以填补被害人损失的情况下，必然需另行引起民事诉讼，这与“同一事实”刑事判决退赔能够弥补被害人损失的不应再提起民事诉讼的制度设计不相符。何况，以犯罪分子合法财产赔偿给被害人造成的损失本是无可争议的基本法理。

向具有经营资格的经营者购得标的物。第三百一十二条的这一限定条件旨在判断第三人取得标的物是否符合正常的市场交易，进而判断其是否明知或应当知道该标的物是赃物。也就是说，即便是适用第三百一十二条，也对第三人有善意的要求，非善意第三人无适用第三百一十二条保护之余地；而即使是善意，也有别于第三百一十一条的善意取得制度。

从以上分析可以认为：第一，在追缴犯罪分子违法所得上缴国库的情况下，对第三人合法受让的财产不应追缴；第二，在追缴犯罪分子违法所得只是用于赔偿被害人损失而不是被害人享有物权的特定物的情况下，不应追缴；第三，在追缴犯罪分子违法所得属于被害人享有物权的特定物的情况下，类推适用民法典第三百一十二条的规定。上述三种情形都建立在第三人善意基础上，即不知道或不应当知道所受让的财产是犯罪分子违法所得，而在第三人善意的情况下，要么是不得追缴，要么是以被害人支付对价为条件追缴。因此，有关司法解释关于“善意取得的财物不得追缴”的规定虽不能与民法典第三百一十一条规定的善意取得制度相提并论，在第三人善意情况下不得追缴的结论总体上符合刑事、民事法律规定精神，也是可行的，只是具体适用时要做到“心中有数”，区别不同情况，更加精准适用而已。总之，如何平衡好刑事追赃与保护案外人合法权益的关系问题，错综复杂，必须从细处入手，理论与实际相联系，刑法与民法相贯通，进行系统研究探讨，形成相应的司法规则。大而化之、顾此失彼，难以真正达到政治效果、社会效果与法律效果的有机统一，难以让人民群众感受到公平正义。

刑民交叉案件的审理既涉及大量的程序问题，也涉及大量实体问题，且程序问题与实体问题常常交织在一起，从而给民商事审判工作带来了诸多困扰。从司法实践的情况看，与刑民交叉有关的另一个问题是当事人构成犯罪是否必然导致其所订立的合同无效？笔者将在下文进行阐述。

二、关于审理合同纠纷案件的几个问题

民法典合同编通则部分在总结司法实践经验的基础上，吸收相关司

法解释与司法政策的规定，将预约合同、悬赏广告、情势变更、债务加入等予以法典化，并对合同解除、多数人之债等制度进行了完善，从而为诸多疑难问题的解决提供了法律依据。近期人民法院在审理合同纠纷中涉及了几个问题，关系对民法典有关规定的理解和适用。

（一）当事人构成犯罪对合同效力的影响

在刑事案件与民事案件基于“同一事实”而由刑事程序吸收民事程序的情况下，讨论合同效力问题似无实际意义。但是在刑民分别审理，特别是出现《九民会纪要》第128条所规定的由其他民事主体承担合同责任的情况下，对合同效力的认定，直接关系其他民事主体的责任认定问题。当然，即便是合同有效，类似于非法集资等涉众型案件，也不能成为另行提起民事诉讼的理由。在此只是从一般意义分析刑事犯罪与合同效力的关系。合同当事人构成犯罪必然导致合同无效的观点，一度在司法实践中占主导地位，但近十余年来，越来越多的学者对当然无效说进行反思，从多视角、多层面指出当然无效说的理论缺陷和实践弊端，并进一步探索从犯罪主体、合同时点、合同目的进行综合判断合同效力的路径以及逻辑思维、系统思维方法，颇具参考价值。虽然审判实务中仍存在“合同当事人都构成犯罪了，怎么还能认定有效”之声，但基本共识是，在合同当事人构成犯罪的情况下，合同并不当然无效，是否无效要区分不同情况，不能一概而论。事实上，近年来，有关司法解释，如《民间借贷规定》第十二条充分体现了这一精神，也出现了大量认定合同有效的判决。如前文中所提到的，以2021年之前构成骗取贷款罪的刑民交叉案件为研究对象，所提取的288篇有具体裁判结果的民事裁判文书中，认定有效的为146篇，占50.69%，认定无效的为104篇，占36.11%，认定合同可撤销、不成立的各占6.25%、6.95%。如果在认定合同无效裁判中再剔除依据其他法定情形认定无效的情形，仅以合同当事人构成骗取贷款罪为由认定合同绝对无效的案件数量占比并不高。但是，深入分析有关裁判文书认定合同无效的理由，笔者仍感有进一步厘清犯罪行为与合同效力关系之必要。

对民事合同效力的判断，无论是否涉及犯罪，一般应当以民法典及其他民事法律关于民事法律行为效力及合同效力问题的规定为直接依据。在刑民交叉案件中，涉及犯罪的合同纠纷，既然另行作为一个民事案件来审理，首先应当适用民事法律规范，对合同效力的认定也不例外。民法典对民事法律行为效力的一般规定、对合同效力的具体规定，是认定合同效力的首要或直接依据，即便是合同涉及犯罪或合同主体犯罪，是否无效，也要看是否具备民法典及其他民事法律规范中所规定的合同无效的事由，这是判断合同效力的逻辑起点。

民法典第一百四十三条规定了包括合同在内的民事法律行为的有效条件，即主体行为能力适格、意思表示真实、不违反法律及公序良俗。具备三要件，合同有效。反之，则影响合同效力。至于影响到什么程度，只能从民法典其他有关合同效力的条款中去寻找答案，而不能对第一百四十三条作反向解释，而得出只要不具备三个有效要件即无效的结论。据此，笔者把合同的效力问题归结为三大类。

1. 意思表示不真实

其一，合同一方当事人构成犯罪，使另一方意思表示不真实，或者说使另一方违背其真实意思签订合同，构成民事上的欺诈、胁迫等，合同属于意思表示不真实一方享有撤销权的可撤销合同，而不是当然无效的合同。法律之所以未把欺诈等情形规定为当然无效情形，是站在被欺诈的当事人立场上，给其一个选择权，由其在法定期限内衡量维护合同效力是否对自己更有利。不利则行使撤销权，合同自始不发生效力；有利则不行使撤销权，诉请合同履行利益。如果因民事欺诈严重到构成诈骗类犯罪或者因胁迫严重到构成非法拘禁、敲诈勒索等犯罪，不给予受害一方选择权，断然认定合同无效，对受害人无法周全保护，甚至会给受害人造成“二次伤害”。以骗取贷款罪为例，一旦认定合同无效，且不论担保将随之无效，连对追究犯罪分子违约责任的可能都没有了，显然有悖常理，更有悖法理。因此，在合同一方主体构成犯罪的情况下，实务中应当从民法中关于可撤销合同的法定事由入手进行分析判断，构成撤销事由的，支持受害一方当事人的撤销权。当然，合同一方主体虽然构成犯罪，但与相对人是否违背真实意愿作出意思表示无关的，不能仅以对方构成犯罪为由大而化之地得出合同可撤销的结论。

其二，在合同主体各方均构成犯罪的情况下，首先应考察其是否都属于故意犯罪，如一方是故意犯罪，另一方是过失犯罪，一般应按上述合同一方构成犯罪的情况处理。双方都构成犯罪的情况下，虽然不排除具备其他合同无效事由的可能，但仅从意思表示的角度判断，只有双方对犯罪行为存在意思联络或通谋，才能构成民法典第一百四十六条第一款规定的虚假意思表示。因为双方当事人通谋作出不真实的意思表示时，合同本身缺失效果意思，合同当然无效。民法上的虚假意思表示，可能隐藏着民事法律行为，也可能未隐藏民事法律行为。而在双方均构成犯罪且构成虚假意思表示的情况下，一般隐藏的是犯罪行为。比如，双方签订赠与合同、买卖合同、股权转让合同等，隐藏的是贿赂犯罪行为，此种情况，以刑事案件处理即可，属于不应按民事纠纷处理的情形。实践中，表面上的民事行为与背后的犯罪行为交织在一起，远比上述贿赂犯罪的例子复杂得多。上例贿赂犯罪背后并无一个具体的合同，因此不存在判断背后合同效力的问题。但是，有些涉嫌犯罪的行为，在阳合同之外还隐藏着一个阴合同。如实践中常遇到的双方当事人为逃税或避税而签订的阴阳合同。两个合同的基本权利义务大体相同，只是为逃税或避税，而在合同价款、报酬等与税收有关的条款上有重大差别。那么，如果双方为支付合同价款问题发生纠纷，阳合同系虚假意思表示应认定无效，自不待言。问题是，阴合同或相应条款是否系当然无效。阴合同本身是双方当事人的真实意思表示，内容可能并无违法性。在民法总则施行前，有一种观点认为，应适用民法通则、合同法关于“以合法形式掩盖非法目的的合同无效”的规定，认定阴合同或相应条款也无效。且不论这样适用法律是否妥当，在民法总则已取消这一规定的情况下，已无依此认定合同无效之余地。但在现行法律框架下，实务中仍存在两种观点：一是阴合同不应被认定无效。该观点认为在阴合同不存在其他无效的事由情况下，虽然双方有逃税或避税之违法目的，但通过行政处罚，乃至刑事处罚，便足以达到挽回国家税收损失、打击犯罪之目的。且如果认定阴合同无效，合同价款无法履行，追究其逃税或避税之责任就成了无本之木。特别是在一方已履行义务的情况下，对方为规避民事违约责任而主张合同无效，支持其诉请在当事人之间也有失公平。这在房屋买卖合同中多有体现。另有观点认为，这种情况符合民法典第一百五十四条关于恶意串通的规定，应认定无效。问题是，就恶意串通而言，当事人将阴阳合同作为一个整体，以达成逃税或避税之目的，当属恶意串通，但仅以当事人存在效力争议的阴合同本身而言，似无法得出损害国家税收利益的结论；反而是阳合同本身客观上产生了逃税或避税的效果，此情况与民法典第一百五十四条之规定的指向或适用范围似有不符。类似问题如何处理，是一个价值判断或者法政策选择的重大问题，从遏制逃税或避税行为泛滥的角度而言，否定其民事合同效力，可能是一个妥当选择，但从平衡合同双方的权利义务关系的角度出发，在认定合同有效不影响惩罚犯罪和挽回税收损失的情况下，认定有效亦有其合理性。价值判断或者法政策的选择不可能不受一个历史时期社会的一般认知和民众情感的影响，此所谓存在决定意识。因此，对此类问题还有进一步系统研究的必要。

2. 恶意串通损害他人合法权益

将恶意串通损害他人合法权益单列一类，源于其是民法典第一百五十四条所规定的合同无效的具体事由，从解释论而言，其既不同于意思表示不真实，亦不同于违法合同。首先，主张其不同于违法合同，并不是说其不构成违法。相反，损害他人合法权益一定是违法的，甚至是构成犯罪的。只是因其有特殊的规定性，与违法合同应加以区别。此类情况无须再判断是否违反法律、行政法规的强制性规定，更无须判断违反的法律、行政法规强制性究竟是效力性规定还是管理性规定，以自身构成要件具备为足。其次，主张其不同于意思表示不真实，是因为合同双方当事人的意思表示是真实的，只是这一真实的一致意思表示损害他人利益。在合同各方都构成犯罪且存在通谋的情况下，可以认定构成恶意串通，因犯罪行为本身的社会危害性，可以认定同时具备损害他人合法权益要件，进而适用民法典第一百五十四条之规定认定合同无效。但是，实践中的情况是复杂的，有两个问题必须给予充分的注意。

其一，合同的一方向对方的法定代表人、负责人或者代理人行贿，是否当然构成恶意串通，损害他人的合法权益，进而应适用民法典第一百五十四条认定合同无效？笔者认为，合同一方向另一方的法定代表人、负责人或者代理人员行贿，如果是为取得本可以取得的缔约机会，或是另一方的法定代表人、负责人或者代理人索贿，是否必然构成恶意串通，或者是否必然构成损害他人合法利益，以致导致合同无效，有较大的考量余地，似不宜一概而论。例如，甲公司向乙银行申请贷款，本已具备获得贷款的条件，但为确保贷款尽快得到批准，甲公司向乙银行的工作人员行贿。在此情形下，虽然存在乙银行工作人员涉嫌犯罪的问题，但并未损害到乙银行的合法利益。当然，如果甲公司不具备获得贷款的条件，却试图通过行贿乙银行工作人员的方式获得贷款，则甲公司与乙银行的工作人员将构成恶意串通损害乙银行的合法权益。

即使是在法人或者非法人组织的法定代表人、负责人或者代理人与相对人恶意串通并损害法人、非法人组织利益的情况下，所订立的合同是否当然无效，也值得研究。例如，A 公司与 B 公司签订合同时，与 B 公司的工作人员通谋损害 B 公司的利益，B 公司的该工作人员可能构成受贿、职务侵占等犯罪，此时合同效力如何认定？虽然民法典第一百六十四条第二款规定“代理人和相对人恶意串通，损害被代理人合法权益的，代理人和相对人应当承担连带责任”，但未对所订立的合同效力作出规定。对此，一种观点认为，对合同效力的认定可直接援引民法典第一百五十四条。笔者认为，民法典第一百五十四条针对的是“合同双方”恶意串通损害“他人”的合法权益，但在上述情形下，尽管法人或者非法人组织的合法权益受到损害，但是否构成民法典第一百五十四条规定的“他人”，不无疑问，因为无论是法定代表人、负责人还是代理人，都是以法人或者非法人组织的名义订立合同的。在笔者看来，上述情况应通过无权代理制度解决合同效力问题，因为根据民法典第一百六十二条的规定，代理行为对被代理人发生效力，须以代理人享有代理权限为条件，而在代理人明知其实施的行为将损害被代理人合法权益时，不应认为代理人享有代理权限，自应构成无权代理。如果相对人对此亦属明知，甚至与代理人恶意串通，就不可能构成表见代理。显然，在无权代理且不构成表见代理的情况下，合同并不当然无效，也并不当然不对被代理人发生效力，而是效力处于待定状态，即合同是否对被代理人发生效力将取决被代理人是否追认。只有在被代理人不予追认时，该合同才对其不发生效力。同理，在法人或者非法人组织的法定代表人、负责人与相对人恶意串通损害法人或者非法人组织合法利益的情况下，也应认定构成越权代表且不构成表见代表，合同是否对法人或者非法人组织发生效力，取决于法人或者非法人组织对该合同是否追认。如此处理的好处是，如果法人或非法人组织认为合同对自己发生效力更加有利，就可以选择追认。例如，甲公司为获得贷款贿赂乙银行的工作人员，双方签订了借款合同，且乙银行已将贷款发放给了甲公司，若该贷款还存在担保人，则乙银行为向担保人主张担保责任而对合同进行追认，也可能是对其更有利的选择。值得注意的是，如果法人或者非法人组织的法定代表人、负责人或者代理人是为了法人或者非法人组织的利益而与相对人恶意串通，应属有权代表或者有权代理，此时如果损害其他民事主体的合法权益，自应依据民法典第一百五十四条认定合同无效。例如，法人或者非法人组织的法定代表人、负责人或者代理人为了法人或者非法人组织的利益而与相对人恶意串通，骗取担保人提供担保，则应当依据民法典第一百五十四条认定主合同无效，担保合同亦随之无效，且担保人不应承担任何民事责任。大量的司法实践表明，对具体案件的处理“细微之处见精神”，应区别不同具体案情，坚守住法律底线，使违法犯罪者不能得到不应得到的利益，使无辜守法者不遭受不应遭受的损失，以实现公平公正为根本。

其二，恶意串通不适用于合同一方构成过失犯罪的情况。以骗取贷款犯罪为例，实践中存在在判处借款人骗取贷款罪的同时，判处出借人的工作人员违法发放贷款罪的情形。有观点认为此时构成恶意串通，这是不妥当的。问题是，这种情况之下，担保人是否可以以出借人欺诈为由主张撤销担保合同？借款合同是借款人与出借人之间的合同关系，借款人欺诈，作为合同相对人的出借人当然可以行使撤销权。相对于担保人与出借人之间的担保合同关系而言，借款人构成骗取贷款罪，其不仅欺诈了出借人，也可能欺诈了担保人。出借人可能基于自身利益考虑不行使撤销权，但对担保人而言，因构成第三人欺诈，如果出借人基于自身利益考虑不行使撤销权，担保人能否行使撤销权，不无疑问。因为借款人的欺诈行为相对于出借人与担保人的担保合同关系而言，属于第三人欺诈，而第三人欺诈依民法典第一百四十九条之规定，只有在出借人知道或应当知道的情况下，担保人才能行使撤销权，撤销担保人与出借人之间订立的担保合同。因此，有观点认为，如果出借人的工作人员构成违法发放贷款罪，就可以认定出借人“应当知道”借款人欺诈。此观点不失为一个判断担保合同效力的视角，但仅以出借人工作人员构成违法发放贷款罪就得出出借人“应当知道”未免武断，还需结合其他事实作出判断，担保人对出借人知道或应当知道借款人欺诈应承担举证责任。

3. 违反法律或公序良俗

尽管任何犯罪都是违反法律、行政法规的强制性规定的，但是，根据民法典第一百五十三条第一款之规定，并不是所有违反强制性规定的合同均无效，也有不影响合同效力的例外情况。笔者认为，构成犯罪的情况下，也要根据民法典第一百五十三条之规定判断违反法律规定对合同效力的影响，也要考虑有无例外情况。一般来说，如果合同内容就是犯罪行为，认定合同有效，使其具有可履行性，无疑是荒谬的。而如果犯罪行为不是合同内容，只是合同履行中的一方或双方违法犯罪，则与合同效力无关。比如，合同双方签订一个建设工程承包合同，在合同履行过程中，承包方向发包方工地代表行贿，以使阶段性建筑成果得到其签字认可。于此情形，不应认定建设工程承包合同无效。如行贿行为是发包方工地代表应当签字而不签字，其在受贿情况下才签字，并未损害发包方利益，对该职务代理行为的效力不影响。如该合同履行中的行贿行为，使职务代理人签字认可本不应认可的某一工程质量造价等，虽构成恶意串通，损害他人利益，将导致职务代理人签字法律行为不发生职务代理的效力并产生相应的民事责任，但不影响建设工程承包合同的效力。申言之，履行中的违法犯罪问题可以按合同解除来解决，但不应作为合同无效的事由，此所谓“桥归桥，路归路”，虽殊途同归，但要探求符合基本法理的解释路径。

如果犯罪嫌疑人是为准备犯罪而签订合同，合同内容本身就是犯罪行为，或者合同标的物属于禁止流通物或限制流通物，认定无效，自不待言。但合同内容如不存在违法之处，且一方对另一方犯罪目的也可能毫不知情，对合同效力的认定就要区分情况：如犯罪嫌疑人已得到对方履行，但未对待给付，不宜认定无效；但是，如果犯罪嫌疑人未得到履行，认定合同无效可使犯罪行为无法继续实施，则应认定合同无效，由犯罪嫌疑人承担缔约过失责任。另外一种思路是仍认定合同有效，但判决合同不得实际履行，由犯罪嫌疑人承担相应的赔偿责任。这样，对无过错的另一方当事人保护更周全些。总之，违反法律、行政法规的强制性规定在什么情况下不影响合同效力问题是一个世界性重大疑难问题，在此不再赘述。至于违法犯罪订立的合同是否必然导致违背公序良俗，在民法上更是极具挑战性，笔者的一个基本观点是，合同主体构成犯罪不应等同于合同违反公序良俗，要根据犯罪所侵害的法益、所构成罪名的立法目的以及犯罪与合同的关系进行具体分析。

综上，笔者对犯罪与合同效力关系分析，意在提供一些思考路径，澄清一些基本观点。总体来说，对涉及犯罪的合同效力的判断要以民法典关于合同效力的一系列规定为依据，对号入座，使司法工作者有一个裁量上的基本约束，避免泛化，防止裁量权成脱缰野马；以民法典为依据，只是一个判断的逻辑起点，是一个归类方法，而不是否定公法规范在合同效力判断上的作用，相反，公法规范是判断合同效力不可或缺的。民法典第一百五十三条所称的“违反法律、行政法规的强制性规定”，显然包括对公法规范的违反。更需指出的是，笔者所归纳的三类，也存在交叉关系，比如在构成欺诈的情况下，合同内容也可能违反强制性规定，当然可以认定无效；在构成虚伪意思表示的情况下，也不排除同时构成恶意串通或违法、违反公序良俗。只要视具体案情以最易从事实上、法律上令人信服的事由进行裁判说理即可。

（二）预约合同的认定及司法救济问题

民法典第四百九十五条从立法上首次承认了预约合同，尽管原《最高人民法院关于审理商品房买卖合同纠纷案件适用法律若干问题的解释》（以下简称《商品房买卖合同解释》）第五条、《最高人民法院关于审理买卖合同纠纷案件适用法律问题的解释》（以下简称《买卖合同解释》）第二条均涉及预约合同问题，也出现不少预约合同纠纷的案例，但面对复杂多样的合同形态，对如何区分交易意向与预约合同、本约与预约合同，以及如何认定预约合同的违约事项仍有较大争议。

其一，是否属于预约合同不应拘泥于文本名称。民法典第四百九十五条在列举预约合同的表现形式时，仅明确列举认购书、订购书、预订书，而未将意向书、备忘录明确列举为预约合同的表现形式，从而与《买卖合同解释》第二条在表述上存在细微的差异。之所以没有明确列举意向书、备忘录，是因为意向书、备忘录在多数情形下仅仅是当事人达成的不具有法律约束力的交易意向，而非具有法律约束力的预约合同，因此，为避免引起不必要的误解，就没有将意向书、备忘录明确列举为预约合同的表现形式。需要注意的是，这并不意味着意向书、备忘录都是交易意向而非预约，意向书、备忘录在满足预约合同成立要件的情况下，自然也构成预约合同。同时，即使是民法典明确列举为预约合同表现形式的认购书、订购书、预订书，也并非一定构成预约合同，在不满足预约合同成立要件的情形下，也仅仅是交易意向而非预约合同。可见，一份文件究竟是交易意向还是预约合同，关键是要看其内容是否满足预约合同的成立要件，而不是简单地看其名称是否为认购书、订购书、预订书等。

其二，预约合同与交易意向的重大区别在于预约合同具备合同的成立要件。交易意向与预约合同有相似之处，都表明当事人有订立本约合同之意愿，甚至许多预约合同也是以意向书的形式表现出来的。但是，预约合同具备将要订立的本约所应具备的标的物、数量、价格或者报酬等主要条款，或者说已具备本约的雏形。而交易意向仅体现一种订立合同的意愿，对将来所要订立的合同的主要条款都有待磋商。因此，在当事人就所签文件究竟是预约合同还是交易意向产生争议时，如果人民法院能够确定将来所要订立的合同的当事人、标的及其数量、价格或报酬等，即应当认定当事人有受意思表示约束的意思，从而构成预约合同关系，除非当事人明确表示不受意思表示的约束。

其三，预约与本约的区别以当事人是否有对未尽事宜进一步磋商的真实意愿为要。预约合同与本约的共同之处在于都具备了合同成立的要件，合同当事人、标的物数量等主要条款均已予明确。但是预约合同不同于本约的核心特征是，当事人通过预约合同赋予阶段性谈判成果约束力的同时，保留就一些其他条款、合同细节进一步磋商决断或等待某种时机、条件的权利。因此，尽管达成的协议已经满足合同的成立要件，但如果双方明确约定将来某一时间点、时间段还需另行签订合同，则一般不宜按本约认定。即便是当事人在签订的文件中已就将来所订合同的全部实质性内容达成合意，只要是当事人约定将来仍要订立合同，笔者也不赞成认定为本约。原因很简单，即尽可能尊重当事人的真实意思表示。何谓真实意思？此约定的合同文义表述如此明确，另作他解释如何约束裁量权。当然，虽然当事人约定还要另行订立合同，但双方在预约合同成立后已开始履行预约合同则另当别论，比如《商品房买卖合同解释》第五条规定的情形，就属于此种情况。反之，如果仅文本形式为预订书、认购书等，而没有关于另行订立合同的明确约定，且该预订书、认购书等又已经具备合同的主要条款或成立要件，则应按本约认定。

其四，对预约合同强制履行须慎重。本约的违约责任，包括强制实际履行，不成问题。但预约合同是否可以强制履行则仁者见仁，智者见智。笔者认为，预约合同属于民法典第五百八十条第一款第二项规定的不适于强制履行的情况，一般不应当强制履行。笔者注意到我国台湾地区“民法”允许强制履行，具体操作方法是，法院允许预约合同债权人请求订立本约与请求履行本约合并起诉。这确能解决强制缔约判决无法强制执行的问题。但这样处理，同样与当事人通过约定另行订立本约、保留一定的再行决策机会的真实意思相违背。尤其是双方当事人在预约合同中对一些条款未约定，还需要法官按一定规则对合同进行解释、对合同漏洞予以填补，才能形成本约完整合同内容，与当事人明确约定须进行磋商形成合意的真实意思更是相背离。当然，实践中确实存在这样的情况：预约合同十分完善，已经具备本约合同的全部实质性内容，以至于当事人约定另行订立的本约仅仅是将当事人已经达成的合意以另一种更加明确的形式进行表达而已，并无保留一定的再行决策机会的意思。对这类情况，究竟是将其理解为“虽为预约但应视为本约”的情形，从而允许对违反该合同的当事人进行强制履行，还是仍然将其理解为预约但例外可强制履行，值得研究。笔者的意见是，对违反预约的当事人强制履行在实践中应持审慎态度。事实上，在上述情况下，仍然将当事人的约定理解为预约，但让违约方按本约的履行利益赔偿守约方的损失，可能是一种更为妥当的方案。这就涉及预约合同违约赔偿范围问题。笔者不赞同把预约合同违约赔偿范围限定于订立本约时的信赖利益，也不赞成等同于违反本约的履行利益。赔偿范围的大小，应在本约的缔约过失责任与本约的违约责任之间，根据签订本约的条件是否成熟以及成熟的程度进行确定，以体现预约合同的功能和价值。

（三）未经批准的合同及其法律地位问题

根据民法典第五百零二条的规定，在合同须经批准才能生效的情况下，如果负有报批义务的当事人未按照法律、行政法规的规定或者当事人的约定履行申请批准的手续，应承担违反该义务的责任。问题是，该责任究竟是何种性质的责任？笔者认为，在合同得到批准前，因处于未生效状态，故当事人不能请求对方履行合同约定的主要义务，但可以请求对方履行报批义务。可见，合同尚未生效仅指合同未发生履行效力。除履行效力之外的其他效力（如法律约束力）均已经具备。就此而言，报批义务虽然是独立于合同的法定义务，但当事人违反报批义务，应承担违约责任。未经批准的合同已具有法律约束力，因此，这一责任既包括继续履行，也包括解除合同并赔偿损失。若对方当事人不选择请求其继续履行报批义务而直接请求解除合同并赔偿损失，则此时的损失赔偿范围，可参照违反预约的违约责任予以确定。

如果当事人选择请求继续履行报批义务，经人民法院判决，当事人仍拒绝履行报批义务，则对方当事人可另行提起诉讼，请求解除合同并赔偿损失。此时的损害赔偿范围，应参照合同已经生效所应承担的全部违约责任予以确定。在当事人已经履行报批义务，但批准机关不予批准时，合同应被认定确定不发生效力。此时，如果当事人认为仍有解除合同的必要，亦可请求解除合同，但不能请求承担违约赔偿损失责任。不过，如果当事人在履行报批义务的过程中存在迟延履行等情况，导致合同没有被批准，也应根据民法典第一百五十七条的规定承担相应的缔约过失责任。此外，需要注意的是，民法典第五百零二条针对的是单个合同须经批准的情形，不能适用于法律、行政法规将批准作为订立合同的前置性程序的情形，如开发商在销售商品房前，须取得预售许可证明，该预售许可证明即为开发商订立预售或者销售合同必须满足的前置性条件。

（四）违约损害赔偿的计算问题

违约损害赔偿的范围是履行利益或者可得利益。但如何认定履行利益或者可得利益是一直困扰司法实践的疑难问题。为此，民法典第五百八十五条第一款规定：“当事人可以约定一方违约时应当根据违约情况向对方支付一定数额的违约金，也可以约定因违约产生的损失赔偿额的计算方法。”可见，违约金在性质上与损失赔偿额的计算方法相同，都是对损害赔偿额的预定，用来解决认定履行利益或者可得利益的困难。基于违约金的这一性质和目的，在当事人根据民法典第五百八十五条第二款以约定的违约金过高为由主张对违约金进行调整时，应将证明违约金过高的证明责任分配给主张违约金过高的违约方，而不能将证明实际损失的证明责任分配守约方。当然，在违约方所举证据虽然无法让裁判者产生违约金过高的内心确信（足以认定违约金过高存在高度可能性），但已经使裁判者产生违约金过高的合理怀疑时，裁判者亦应根据案件具体情况将主观证明责任移转至守约方，要求守约方也应对其实际损失承担一定的举证责任，如果依通常情形，守约方能够举证而不举证，裁判者即可从对违约金过高的合理怀疑转变为内心确信，进而对违约金进行调整。需要说明的是，守约方的举证以消除裁判者的合理怀疑为必要，因此，不能要求守约方对实际损失的大小承担过高的证明责任。

此外，在当事人未约定违约金或者损失赔偿额的计算方法时，如果守约方确实无法举证证明自己的损失大小，但能够证明违约方因此所获利益的大小，人民法院也可推定违约方因违约所获得的利益即是守约方的实际损失，再将主观证明责任移转给违约方，让其就守约方的实际损失低于其所受利益进行举证。如果举证不能，则应按违约方所获利益认定守约方的期待利益或者可得利益。

商品房买卖违约赔偿审判实践中值得注意的一种不妥当的倾向，即不将违约方将商品房出卖所获差价利益或守约方另行购买相同商品房多支出的价款作为判断损失的基本依据，而对房屋价值进行评估，以评估价值计算损失。但是，价值评估是以确定违约时为时点，还是以一审、二审时为时点，不同时点房屋价值差别甚巨。笔者认为，一般情况下，对商品房买卖违约赔偿，在违约方另卖房屋获益或守约方另买房屋多支出这种事实存在的情况下，应作为认定损失的基本依据，不宜再评估房屋价值。如果把可得利益考虑为购房人再行转让可能获取的差额利益，则有悖于“房住不炒”的房地产政策。

三、关于融资租赁合同纠纷案件审理中的几个问题

民法典颁布后，最高人民法院在修订《最高人民法院关于审理融资租赁合同纠纷案件适用法律问题的解释》（以下简称《融资租赁合同解释》）时删除了第九条“自物抵押”的规定；新制定的《最高人民法院关于适用〈中华人民共和国民法典〉有关担保制度的解释》（以下简称《担保制度解释》）明确规定了融资租赁物所有权声明登记对抗善意第三人效力的范围以及租赁物担保功能实现的路径和方式。但融资租赁交易是一种金融活动，为实现融资目的，市场主体通过变相扩大租赁物范围、嵌套租赁交易结构等方式进行交易，由此带来了新的法律适用问题。

（一）融资租赁法律关系认定问题

司法实务中，认定融资租赁法律关系争议较大的是“售后回租”融资租赁交易模式。《融资租赁合同解释》第二条明确规定，在“售后回租”情况下，不应仅以承租人与出卖人系同一人为由认定不构成融资租赁法律关系。这表明，“售后回租”只要符合融资租赁的其他本质特征的，就应承认其是融资租赁的一种模式。但是，由于“售后回租”融资租赁法律关系所呈现的特征与借款法律关系高度相似，人民法院在审理“售后回租”案件时，应特别注意其是否具备融资租赁法律关系的本质特征。融资租赁法律关系和借款法律关系具有明显区别。借款法律关系仅具“融资”属性，即便是为借款关系设定担保物权，亦仅是体现担保功能，着力点在标的物的交换价值，并不以债务人占有使用标的物为必要。融资租赁法律关系则具有“融资”与“融物”的双重属性，其中“融资”属性与借贷法律关系相同，而差别就在于“融物”属性上。因此，判断“售后回租”是否构成融资租赁法律关系，重点不在于租赁物出卖人与承租人是否系同一人，而在于其是否具备“融物”属性。对“融物”属性的审查主要在两个方面：一是所有权是否归属于出租人。“售后

回租”对租赁物的占有表征往往未发生变化，其所有权是否确已从承租人转移给出租人，应注意依据民法典关于所有权发生转让效力的规则进行判断。二是承租人是否能够实际占有使用租赁物。这由租赁物的适格性决定，对于一个没有使用价值的租赁物而言，谈不上承租人实际占有使用，当然也谈不上其“融物”属性。只有所有权转移给出租人，承租人实际占有租赁物两个条件均具备，才能将“售后回租”认定为融资租赁法律关系；否则，应按实际构成的法律关系判断其效力，并进行处理。应注意的是，即便是不构成融资租赁法律关系，一般亦不宜简单地以规避法律规定为由认定合同无效。司法实践中，对“售后回租”不符合“融资”“融物”双重属性的，多按借贷法律关系认定，并对名义上的融资租赁合同所约定的租金、各种费用进行测算，看是否高于有关司法解释关于利率保护上限的规定，对于高出部分不予保护，但一般不认定借款法律关系无效，并进而认定具有担保功能的约定亦无效。这一裁判思路比较稳妥。

（二）如何判断“售后回租”融资租赁所有权转移给出租人

“售后回租”的租赁物，无论是不动产、动产，还是知识产权，对其权属是否转移给出租人，均应依据法律关于发生权属转让效力的规则进行判断。就不动产融资租赁物而言，仅合同约定所有权由承租人转移给出租人，而未在登记机关办理变更登记，不应认定出租人取得租赁物所有权。例如，甲、乙签订的融资租赁合同约定，甲把房产卖给乙，乙支付价款后，房屋所有权归属于乙，乙再将房屋租赁给甲和丙。但是，甲未把房屋过户给乙，而是办理了乙对房屋的抵押权登记。此种情况显不符合所有权变动的规定，应认定为抵押借款关系。就动产租赁物而言，根据民法典第二百二十四条规定，动产转让，自交付时发生所有权转让效力。司法实务中，争议集中在“售后回租”交易模式下动产租赁物所有权转移的认定上。少数裁判观点认为，租赁物始终在承租人处，没有发生交付，因此认定出租人没有取得租赁物所有权，应否定融资租赁法律关系；多数裁判观点认为，“售后回租”交易模式下，租赁物尽管未现实交付，始终由承租人占有使用，但出租人根据双方约定，以占有改定方式取得租赁物所有权进而应认定为融资租赁关系。显然，多数裁判观点是妥当的。动产“售后回租”，即便租赁物始终由承租人占有，而不进行租赁物的现实交付，只要明确约定了以占有改定方式或以符合占有改定特征的方式将所有权交付给出租人，应依据民法典第二百二十八条规定认定租赁物所有权已转移至出租人。事实上，民法典所规定的占有改定制度，主要适用于动产让与担保、“售后回租”等情形。

（三）如何判断融资租赁物适格性

近年来，融资租赁交易的标的物从生产设备、工程机械、飞机、汽车、船舶等传统的动产领域，延伸到不动产、无形资产、生物资产、地下管网、公路桥梁、在建工程、商业地产等一些特殊的租赁标的物。由于民法典本身没有对融资租赁的标的物种类作出规定，加之融资租赁行业在历史上分属不同的部门监管，监管规则对商业租赁和金融租赁的标的物范围前后有不同的要求，特别是在融资租赁公司由中国银保监会统一监管后，监管机构对于融资租赁的标的物提出了日渐收紧的监管要求，[①] 由此引起了业界关于租赁物适格性的关注，在审判实践中对融资租赁物适格性的判断出现不同认识。一种观点认为，以违反监管规则要求的标的物开展融资租赁业务，因其本质上都不具有“融物”的属性而仅

---

① 商务部印发的《融资租赁企业监督管理办法》（商流通发〔2013〕337号）第十条第一款规定：“融资租赁企业开展融资租赁业务应当以权属清晰、真实存在且能够产生收益权的租赁物为载体。”2019年5月8日，中国银保监会下发《关于开展“巩固治乱象成果 促进合规建设”工作的通知》（银保监发〔2019〕23号），将以下事项作为工作要点：金融租赁公司业务经营中违规以公益性资产、在建工程、未取得所有权或所有权存在瑕疵的财产作为租赁物；违规开展固定收益类证券投资以外的投资业务，如购买信托计划、资管计划；未做到洁净转让或受让租赁资产，违规以带回购条款的租赁资产转让方式向同业融资，违规通过各类通道（包括券商、信托、资产公司、租赁公司等）实现不良资产非洁净出表或虚假出表，人为调节监管指标；专业子公司、项目公司未在公司授权范围内开展业务；租赁物属于国家法律法规规定的所有权转移必须到登记部门进行登记的，未办理相关转移手续；等等。对商业融资租赁公司的标的物范围，2020年5月26日中国银保监会发布的《融资租赁公司监督管理暂行办法》第七条进一步明确：“适用于融资租赁交易的租赁物为固定资产，另有规定的除外。融资租赁公司开展融资租赁业务应当以权属清晰、真实存在且能够产生收益的租赁物为载体。融资租赁公司不得接受已设置抵押、权属存在争议、已被司法机关查封、扣押的财产或所有权存在瑕疵的财产作为租赁物。”

有“融资”的性质，构成“名租实贷”。另一种观点认为，监管部门对于融资租赁标的物的监管要求，是为了更好地管理融资租赁公司的商业风险，不能仅以此为由来认定租赁物不适格进而否定融资租赁关系。应该说上述两种观点均有其合理之处，但均欠周延。审判实践中，不能对监管部门的监管走向，特别是明确的禁止性规定视而不见，应该把监管规定作为判断融资租赁物适格性的重要参考依据，与监管部门相向而行，形成合力，多维度维护金融管理秩序，防范金融风险。但是，也要注意司法裁判与行政监管的职能分工，注意司法裁判系事后处理当事人之间发生的民事纠纷的基本定位，在维护国家金融管理秩序的同时，也要弘扬契约精神及诚信原则，平衡保护各方当事人合法权益。租赁物是否适格，关键是看其是否能够达到“融物”的基本功能，或者说是否能够达到所有权转移、承租人占有使用的基本功能，应主要把握以下几个要素。

一是融资租赁物要具有可流转性。无论是何种模式的融资租赁，出租人取得租赁物所有权，需要租赁物具有可流转性；在发挥担保功能对租赁物拍卖、变卖时，也需要租赁物具有可流转性。当然，一些标的物仅在特定主体之间可以流转，但只要能够实现转移所有权或实现担保的功能，亦可视为其具有可流转性。同时，可流转性不等同于产权明晰、标的物上不存在其他权利负担。租赁物权属有争议或者有权利负担等权利瑕疵，从监管和预防风险的角度予以规制无疑是重要且必要的，但从是否构成融资租赁法律关系的角度，不宜简单地以此种情况系租赁物不适格而否定构成融资租赁法律关系。比如，融租物上为他人设立了抵押，如果不影响出租人取得所有权及承租人占有使用，出租人从商业角度判断，认为不影响其取得所有权发挥担保功能，司法裁判没理由代替当事人的商业判断，认定租赁物不适格。又如，产权有争议，无非一个有权处分、无权处分问题，属于无权处分的，按民法典第三百一十一条规定处理即可。对此类问题，《担保制度解释》第三十七条有比较明确的规定，可资参考。①

二是融资租赁物要特定化。租赁物特定化由融资租赁“融物”属性所决定。实践中往往有一些融资租赁合同对租赁物的约定，无法判断所指向的特定物。有的仅作概括性描述，有的虽有财产清单，但与实物风马牛不相及。应当明确，租赁物不仅仅具有担保功能，如仅具有担保功能，与借款担保就没有什么区别了。融资租赁法律关系中，承租人本应对租赁物占有使用，如果租赁物连特定化都做不到，或者合同各方漠不关心，谈何占有使用。租赁物特定化是指对租赁物的约定明确具体，约定的财产与实际的财产相对应，而不是泛化或虚化。一般而言，合同中通过一定数量、品种等概括性描述能够确定财产范围的，应认可其符合特定化要求。即使合同所约定的租赁物范围不够清晰，或个别财产是否包含在约定范围之内有争议，只是一个事实问题，只要不丧失承租人使用的可能性，不宜以租赁物未特定化为由认定不适格。值得注意的是，民法典规定了动产浮动抵押制度，可以将现有的以及将有的生产设备、原材料、半成品、产品集合抵押。但上述财产是否可以作为融资租赁物不无疑问。如果从浮动抵押标的物增减不定，成品、半成品、原材料随时被消耗等特点来看，既不符合监管规定关于“固定资产”的要求，亦不符合特定化的要求，难谓租赁物适格。实践中以动产浮动抵押意义上的标的物作租赁物的情形不多见，出现的一些案例多是以机器设备、厂房等非消耗性动产、不动产集合在一起作为租赁物，符合特定化要求。但往往动产以占有改定方式转移给出租人，不动产却不进行变更登记。此情形是按融资租赁关系还是按借款关系处理？多数裁判观点按借款关系处理，亦有裁判观点基于动产价值所占比例较大而按融资租赁关系处理，均有一定合理性，但确有进一步探讨以统一裁判尺度之必要。

---

① 《担保制度解释》第三十七条规定：“当事人以所有权、使用权不明或者有争议的财产抵押，经审查构成无权处分的，人民法院应当依照民法典第三百一十一条的规定处理。当事人以依法被查封或者扣押的财产抵押，抵押权人请求行使抵押权，经审查查封或者扣押措施已经解除的，人民法院应予支持。抵押人以抵押权设立时财产被查封或者扣押为由主张抵押合同无效的，人民法院不予支持。以依法被监管的财产抵押的，适用前款规定。”

三是融资租赁物要具有可使用性。承租人开展融资租赁交易的直接合同目的是占有使用租赁物并实现经营收益，因此租赁物是否具有可使用性，是判断租赁物作为融资租赁法律关系标的物是否适格的重要因素。一些不动产可以作为抵押物，但不宜作为融资租赁物，如在建的建筑物，虽可做到特定化，但所有权往往无法转移给出租人，承租人亦难以占有使用，监管规定又明令禁止，故认定在建的建筑物作为租赁物适格确应慎重；一些生物，如林木、耕牛、奶牛等具可使用性，与机器设备无实质差别，作为融资租赁物并无不可；一些权利具有财产价值，但对承租人而言不具有可使用性，如公路、桥梁、隧道等不动产设施收费权等，可以用于质押，但标的物本身不具有可使用性，且被监管规定所明令禁止，作为融资租赁物，就不具适格性。知识产权对一些企业而言，已经成为核心资产，在生产经营、提高核心竞争力方面日益发生重大作用，其使用价值不言而喻。专利权、著作权、商标权等知识产权的使用权均可从权属中分离出来而由承租人使用，其作为融资租赁物当具适格性，在审判实务中对知识产权作为融资租赁物应持肯定态度。判断知识产权是否转让给出租人，应区别情况：专利权的转让自在专利行政部门登记之日起生效；商标权的转让自商标行政部门核准公告之日起生效；就著作权而言，因实行自愿登记制度，财产权的变动只能依合同约定，登记仅产生对抗第三人效力。知识产权权属登记的可撤性、价值认定的复杂性，虽会给融资租赁带来一定的风险，但与其作为质权标的物的风险没有什么不同，是否以其为租赁标的物只是一个商业判断问题，而不是作为租赁物是否适格问题。

（四）如何判断“自物抵押”的物权效力

民法典颁布实施前，为了解决融资租赁交易中动产租赁物无法定登记机关、无法对外公示权利的问题，交易实践中出现了大量的出租人通过授权承租人将租赁物抵押给自己并办理抵押登记的方式来保障其租金债权的实现，行业将这种做法形象地称为“自物抵押”，2014 年《融资租赁合同解释》第九条对此作出了相应规定。国务院根据民法典规定建立动产和权利担保统一登记制度后，动产抵押、融资租赁可由当事人通过中国人民银行征信中心动产融资统一登记公示系统（以下简称统一登记系统）自主办理登记。因此，最高人民法院在2020年修改《融资租赁合同解释》时删除了原第九条关于“自物抵押”的规定。从民法典施行后的实践来看，融资租赁合同的当事人选择办理“自物抵押”的情况仍然存在，甚至有当事人在统一登记系统办理融资租赁物声明登记后，又在其他登记机关办理了“自物抵押”登记。由于认可这种“自物抵押”的司法解释已经不复存在，因此，审判实践中对其效力存在分歧认识。有观点认为，在民法典已经为融资租赁中出租人的所有权提供了公示方法的情况下，不宜再行承认“自物抵押”的优先受偿效力。尤其是我国立法规定的抵押权是在主债务人或第三人的物上为债权人设定的权利，是对他人之物的权利，而“自物抵押”是在出租人自己的物上为自己设立的抵押权。如果继续承认“自物抵押”，不仅缺乏法律依据，且在承租人违约之后，出租人主张以抵押物优先受偿必然会出现“卖自己的东西还别人欠自己的债”的悖论。也有观点认为，现行登记制度下，并未对“自物抵押”作出禁止性规定，动产融资统一登记公示制度也未规定融资租赁登记与抵押登记只能选其一，出租人从保护自身权利出发，再行办理抵押登记也是一种保障措施，不宜轻易予以否定。

虽然这两种观点都有其道理，但从民法理论、现行法律规定以及实践中面临的问题看，后一种观点更为妥当。《融资租赁合同解释》修改之前发生的融资租赁法律行为，原则上适用该司法解释的规定，承认“自物抵押”之物权效力，自不待言。实行动产和权利担保统一登记制度之后，“自物抵押”主要是发生在什么样的场景，是分析并解决问题的基础。实行动产和权利担保统一登记制度后，除车辆、船舶、航空器等特殊动产还在原登记机构登记外，原一般动产担保登记机关已不再受理动产抵押登记。因此，从制度设计而言，一般动产已无“自物抵押”之可能，唯特殊动产作为融资租赁标的物时，才有再出现“自物抵押”之可能。从调研的情况看，特殊动产中的船舶、飞机登记都会载明所有人是出租人，使用人是承租人，故无论是实行动产和权利担保统一登记制度之前还是之后，实践中都鲜有“自物抵押”的情况。唯车辆这一特殊动产在融资租赁行业还延续着“自物抵押”。其原因何在？是因为车辆融资租赁多采“售后回租”模式。一些租赁公司没有更多购买车辆的配额，就由承租人选好车辆，租赁公司向销售商付款，车辆交付给承租人使用。此情形本完全符合“直租”之特征，但由于出租人购买车辆配额所限，车辆不能登记在出租人名下，只能登记在承租人名下，于是承租人就与出租人签订回租合同，形成“直租”转“回租”。当然，还有相当一部分是典型的车辆“售后回租”模式。这样，车辆“售后回租”就形成一种很“拧巴”的权利状态：承租人以占有改定交付方式使车辆所有权转移给融资租赁公司，但不在车辆登记管理部门进行车辆所有权变更登记，车辆所有权已转移给融资租赁公司，但车辆权属还登记在承租人名下。

基于上述场景，融资租赁公司如果在统一登记系统进行所有权声明登记，虽然可以产生对抗善意第三人之法律效果，但声明登记与专门登记机关的登记并不一致，承租人如将车辆擅自卖给第三人，第三人极有可能不知融资租赁关系的存在而仅查询车辆管理部门的登记，完成买卖交易。而目前的法律制度、司法解释对在此情况下如何判断第三人是否构成善意，缺乏可预期的明确规则，难免使融资租赁公司心存疑虑，导致为更周全保护自身权利，防范法律风险而选择“自物抵押”或同时进行“自物抵押”登记及融资租赁所有权声明登记。可见，即便是在实行动产和权利统一担保登记制度后，作为专门从事融资租赁业务的融资租赁公司如此“叠床架屋”有其现实合理性。此外，针对否定“自物抵押”效力的观点，还需澄清以下几点。

其一，“自物抵押”是否会陷入“卖自己的东西还别人欠自己的债”的悖论？事实上，所有权保留买卖、让与担保、融资租赁等具有担保功能的交易模式，无不以保留所有权的方式来保障自己债权的实现，而实现方式也多是“卖自己的东西还别人欠自己的钱”。以典型的融资租赁为例，根据《担保制度解释》第六十五条第一款之规定，承租人未按照约定支付租金，出租人请求承租人支付全部或剩余租金，并以拍卖、变卖租赁物所得价款受偿的，人民法院应予支持，当事人请求参照民事诉讼法“实现担保物权案件”的有关规定，以拍卖、变卖租赁物所得价款支付租金的，人民法院应予准许。可见，在融资租赁中进行所有权声明登记，也是“以自己所有的租赁物还承租人欠自己的债”，此情形与“自物抵押”无实质差别。这一类非典型担保，只要认可其担保功能，都面临着所谓的“悖论”问题，但现行法律明确认可其担保物权的有效性。此处顺便一提的是，实务中有人对上述《担保制度解释》第六十五条所说的“受偿”是否系“优先受偿”尚有疑问。其实，动产所有权声明登记，不仅具有对抗善意第三人的效力，还具有顺位效力，是否具有优先性，根据民法典第四百一十四条之规定，同一物上有多个物权登记的，登记在先者优先于登记在后者，当然更优于未登记者。

此外，还应注意的是，最高人民法院在2020年修改《融资租赁合同解释》时，删除第九条“自物抵押”的规定，并非认为其与民法典冲突，只是认为有统一的动产和权利担保登记制度后，实践中不会再出现民法典颁布之前法律框架下的原始性“自物担保”。而《担保制度解释》没有承继《最高人民法院关于适用〈中华人民共和国担保法〉若干问题的解释》第七十七条关于后发性“自物抵押”的规定，是考虑到实践中已形成共识，无须再规定。既然后发性“自物抵押”，即使出现“卖自己东西还别人欠自己的债”，也应予以认可，对原始性的“自物抵押”，又有何区别对待的实质性理由？

其二，“自物抵押”是权利人在无损害他人及法秩序之虞的前提下，利用现行法律规定的物权模式保护自己的利益，实无仅以所谓“悖论”否定其物权效力之必要。特别是在特殊动产融资租赁物“双轨”登记的情况下，更无干预当事人意思自治之必要。在处理这类情况时，实践中有的为解决所谓的“悖论”问题，把“自物抵押”解释为仅产生对抗善意第三人之效力，而无优先受偿之顺位效力，实与当事人真实意思不符，也与“抵押”的本来法律意义不符，难谓妥当。

其三，所谓“自物抵押”，从物权表征看，出租人取得的特殊动产租赁物所有权形式上还登记在承租人名下，而登记的抵押权人是出租人，也符合以他人之物为债权人设定抵押的表征形式，与其说是“自物抵押”，毋宁说是“他物抵押”。按物权表征形式所体现的抵押权认定似亦无不合理不合法之处。

综上，动产和权利担保统一登记制度施行后，实践中“自物抵押”一般仅限于特殊动产特别是车辆“售后回租”这一特殊情况，在以占有改定方式将车辆所有权转移给出租人的情况下，应认可其融资租赁法律关系，亦应认可“自物抵押”的物权效力。在“自物抵押”与所有权声明登记并存情况下，可由权利人择其一而行使权利，但不影响另一物权登记应有的功能。

四、关于破产重整程序中所涉担保问题

企业破产法及相关司法解释对破产程序中所涉及的担保问题作了比较明确的规定，一定程度上解决了审判实务中裁判尺度不一的问题。但是，近年来在破产审判实践中又出现一些新的与担保有关的问题。例如，破产重整程序中以债转股清偿债务，担保人是否还承担责任，如何确定其责任范围；债务人企业原股东权益的调整，对股权质权人权利如何救济；以融资方式引进投资者，如何处理投资者与原担保物权的关系；等等。这些问题亦迫切需要解决。

（一）破产重整中债转股对担保责任的影响

重整程序中债转股仅产生相对于债务人企业消灭债权的效果。在以往的理论研究中，侧重于以实体法有关债权清偿的制度规范为基础解释债转股消灭债权的基本机理，较为有代表性的是债权出资抵销说和代物清偿说。二者解释路径上虽有差别，但一个共同之处在于，均认为债转股产生债权从实体上消灭的法律效果，由担保债权的从属性所决定，主

债权消灭，担保债权也随之消灭。这一实体法制度解释路径，在债务人企业未进入破产程序情况下以债转股进行个别债务清偿似无不妥。但是，放在破产重整这一程序制度语境下就可能说服力不够，至少不符合破产重整程序债转股的实际情况。在破产重整中，债转股是建立在债务人企业资不抵债、不能清偿全部债务，或者债务人企业有丧失清偿能力可能这一法律事实基础之上，进行团体债务清偿或分配债务人企业财产的一种方式。债权人团体根据算定的债务人企业清算价值，结合重整计划草案的安排，进行利益权衡，两害相权取其轻，不可能像债务人企业正常状态下个别清偿的债转股那样，做到物有所值，等价交换，从而达到从实体上消灭债权的法律效果。换言之，重整程序中债转股作为一种债务清偿方式，实际清偿率一般不可能达到100%，所谓债权的消灭，是完成债转股之后，无论实际清偿率是多少，债权人对债务人企业不再享有偿还请求权，债权相对于债务人消灭（如企业破产法第九十四条的规定），而相对于其他债务人、担保人，债权只在已实际清偿范围内消灭。就此而言，与破产清算程序中的“部分债务清偿+部分债务豁免”无实质区别，都是基于破产法程序制度框架所作的安排（如企业破产法第九十二条第三款、第一百二十四条的规定），而作出这种制度安排的合理性、正当性与破产清算一样，都是由债务人企业清偿能力现实以及设定其他债务人或担保人防范主债务人不能清偿风险的本来意义所决定的。

确定担保人责任范围应以债转股实际清偿率为依据。基于前述内容，担保人的担保责任与重整程序中债权实际清偿率有很大关系。如果在人民法院确认的破产重整计划中，对债转股实际清偿率或股权价格已予以明确，原则上应作为核算担保人责任范围的依据。问题是，实践中破产重整计划中的清偿率并非实际清偿率，而是“股权价值+豁免债务”的所谓清偿率。有时载明的股权价格也非股权的实际价值，而是根据确定的可用于债转股的股权数抵偿需要债转股的债权额，倒推出债转股的价格。这种做法实际上根本没有测算出股权实际价值或债权实际清偿额。担保人如果以此作为不承担担保责任的抗辩依据，债权人实难认可。因此，在以债转股方式清偿债务的情况下，对担保责任的认定不应简单拘泥于破产重整计划中所表达的股权价格或清偿率，而应区别不同情况。

其一，如果破产重整计划已经基于专业评估机构评估而明确债转股的股权实际价值或实际清偿率，可作为确定担保责任的范围的依据。除非担保人提供证据证明专业评估机构对股权价值的评估存在明显错误，一般不宜在诉讼程序中另行委托评估。

其二，如果破产重整计划对股权价格或清偿率是以前文所述的倒推方法确定的，不能体现债转股的股权实际价值或实际清偿率，法院可根据当事人请求委托专业评估机构评估。特别是实践中一些重整方案中已专门注明了“未实现清偿部分不能再向重整债务人主张，可以向担保人主张”，更应当对债转股股权价值进行评估测算。值得注意的是，在担保纠纷中，有的担保债权额较小，委托专业评估机构对股权价值评估成本较高，在当事人不主张评估的情况下，人民法院可通过听取专业机构专家意见，结合债务人企业清算价值、以现金清偿方式的清偿率、重整预期等情况综合判断担保责任范围。

在破产程序中，对债转股价值的评估，均有一个评估方法和评估基准日问题，评估方法有收入法、市场法、成本法等，评估基准日则有重整计划决议通过日或法院确认日、重整计划执行完毕日等。方法不同、基准日不同，股权价格的评估结果会有差别。此外，对上市公司重整中的债转股，实践中通常根据某一交易日的股票价格确定，虽然简单易行，但由于未适当考虑企业发展前景、未来营利能力等因素，不能充分反映股权的公允价值，难以在各方主体之间达成一致。这些问题在重整程序中没有合理解决，将不可避免影响重整程序，特别是债权清偿的公正性，并引发相应的纠纷。因此，重整程序要在坚持法治化市场化的原则下，做到评估方法、评估依据、基准日等影响股权评估要素的公开透明，以充分保障各债权人及相关利益方的知情权，使各方在“心中有数”的前提下进行充分协商，并表达真实意思。这既是少数服从多数表决机制正当性的基础，也是债权公平受偿，推进破产重整依法顺利进行，并避免衍生不必要争议或诉讼的必然要求。在此还需要一提的是，重整程序中债转股作为一种债务清偿方式，实践中多采“表决机制+法院确认”。因现金流缺乏、现金分配不利于提高企业的经营能力等因素，重整计划一般不给予所有的债权人在现金清偿和债转股清偿之间的选择权，多采取一定数额以下的债权按一定比例现金清偿，一定数额以上按债转股进行清偿。这种做法虽具一定的现实合理性，亦颇受诟病。笔者注意到，一些企业重整计划中提出按一定比例现金清偿和债转股清偿两套方案，供债权人选择，更为合理妥当。一些学者提出，如果不给予债权人现金清偿的选择权，不应对债转股采表决机制，颇有道理，殊值在实践中尽力推行。对以债转股方式清偿债务，如果债权人会议没有表决通过，人民法院更不宜以强裁确认重整计划。

此外，需要说明的是，根据《担保制度解释》第二十三条的规定，债权人既可在破产程序中申报债权，也可请求担保人承担担保责任，且担保人清偿债权人的全部债权后，可以代替债权人在破产程序中受偿。据此，如果担保人与债权人就债权人在破产重整中的债权实现比例存在争议，亦可由债权人与担保人协商决定是否由担保人在清偿全部债权后代替债权人参与破产程序。也就是说，如果担保人认为债权人在破产重整中的债权实现比例损害其合法利益，即可在清偿债权人的全部债务后代替债权人参加到破产重整程序中来。

（二）破产重整中股权的调整对相应质权的影响

破产重整中对股权调整具正当性和合理性。出资人权益的调整是破产程序中企业重整的重要工具，无论是以债转股方式清偿债务，还是战略投资者取得债务人企业的股权乃至控制权，在大多数企业重整计划中均涉及对出资人权益调整问题。但是，股权作为股东财产权益往往因各种债务关系而被设立质押等权利负担，对股权的调整势必给质权人的利益造成影响。如果股权质押担保的是股东或其他第三人的债务，常因股权变更未经质权人同意而成为重整计划执行的障碍。此外，在股权质押担保的债权已到期，质权人主张行使质权的情况下，也会给重整计划草案制定过程中的股权调整带来影响。因此，需要从股权调整的法律性质上厘清股权调整与质权的关系。

债务人企业进入破产重整程序无非两种情况：一是资不抵债，债务人企业财产不足以清偿全部债务；二是债务人企业虽然未资不抵债，但有丧失清偿能力的可能性。因此，算定债务人企业清算价值是破产重整的逻辑起点。基于绝对优先原则，只有债权人清偿率达到100%，债务人企业出资人才可能有剩余财产分配请求权。在算定的债务人企业清算价值不足以清偿全部债务，且最直观体现为实际清偿率达不到100%情况下，出资人权益是零。如果考虑债务人企业有丧失清偿能力可能性而破产重整的情况，将债务人企业出资人权益从100%以下直至调整到零亦具有正当性和合理性，即便是上市公司亦不例外。上市公司股票市值是建立在债务人企业能够存续而不是破产清算的基础上，从清算价值看，与其他类型公司的出资者权益没有什么差别。正因为是重整而不是清算，债务人企业股权才有在资本市场流通而体现出市值之余地。实践中，之所以即便债务人企业资不抵债，净资产为零，往往也给原出资人保留一定份额的出资权益（如上市公司重整中以公积金转增或大股东让渡一定比例的股权等，未对原股东股权清零），是基于原出资人对债务人企业重整的积极性、企业经营的连续性、企业重整预期等多方面因素通盘考量，利益相关者充分协商博弈的结果，或者说是充分利用重整这一制度工具形成团体意思的结果，不能因此得出出资者权益依法不应调整到零的结论。

在股权价值应当在100%以下调整直至零的情况下，以相应股权为质押标的的质权失去部分或全部担保的价值，此所谓“皮之不存，毛将焉附”。出资人权益的调整是有益于债务人企业债权又不损害质权人合法权益的调整，质权人的担保利益损失是在债务人企业经营失败，出资人权益部分或全部丧失情况下，不得不承担的与出资人同质化的法律或商业风险。事实上，破产重整情况下的股权调整，对股权质权人而言也是利益最大化的选择。故破产重整程序中对质押的调整具有正当性基础。

虽然重整程序对出资人权益调整，进而引起质权调整具有正当性基础，但是设立质押的股权，是如何从原股东名下转移到新的投资人或债权人名下的？根据物权的追及效力，新股东是否需要承受股权上的权利负担？从破产重整程序调整出资人权益的逻辑过程来看，股权大致经历了如下环节：原股权因为资不抵债被调整→质押权部分或全部消灭→新资产（包括债权）注入债务人公司→重新确定出资者权益→新股东取得新股权。从上述股权变动的过程看，新股东的股权并非从原股东手上继受取得，而是因向债务人企业出资原始取得。

从公司法上公司注册资本变化的角度而言，破产重整程序中，新老股东股权的更替可以分解为减资和增资两个步骤，对老股东按减资程序全部或部分注销其股权，新股东以债权出资，达到注册资本的等量化，同时取得相应股权。此种情况下，新股东股权并不是从老股东继承或转让取得，或者说新股东取得的股权已非老股东的股权，即此A已非彼A。质权对老股东股权的追及效力当然不及于新股东股权。在破产重整语境中，经常会提到债务人企业按一定比例“让渡”股权，给人一种股权转让的错觉，而有人把此种情况表述为“缩股”，起码体现出了新股东与老股东股权非承继关系。从这种意义上而言，把破产重整中债转股解释为“代物清偿”或“第三人代为清偿”显有缺陷，与破产重整中股权调整实为债权人、战略投资人出资而取得出资者权益的运作模式不相称。基于上述分析，重整计划被裁定批准后，在依重整计划对股权进行变更过户时，股权的质权人依据民法典第四百四十三条以出质股权转让未经其同意为由提出异议，或者主张对重整计划已经调整给他人的股权行使质权，一般不应支持。但应注意的是：第一，重整计划为股东保留的股权，质权人仍享有质权。第二，实践中一些重整计划明确载明股权调整是老股东向新股东转让股权，并对质权人的利益提出了相应的解决方案，应尊重重整计划的安排，不宜按上述分析的一般原理处理。第三，企业破产法第八十五条、第八十七条对出资人权益（股权）调整进行了规定，即重整计划草案涉及出资人权益调整事项的，在程序上应当设出资人组对该事项进行表决；法院在强制批准重整计划时应当审查出资人权益调整是否公平和公正。这些制度安排能起到给予出资人乃至质权人程序救济的作用，由于出资人权益与质权的同质化，原则上不需另行给质权人相应的程序救济。如果确因出资人的行为导致质权人利益受到损害，质权人可对出资人提起普通民事诉讼予以救济。第四，实践中的问题在于，破产重整企业虽然资产负债表显示资不抵债，但是上市公司的壳资源价值未被计入，故对于重整企业是否真的资不抵债这一事实判断存在争议，进而引发破产重整程序调整出资人权益会损害股权质权人、已申请冻结该股权的债权人的担心。特别是，在债务人企业财产大于债务额、有丧失清偿能力可能而进入破产重整程序时，股权权益调整，特别是被强制清零的合理性和公平性，难免被股权质权人质疑，产生争议。该问题的根本解决在于两个方面：一方面，要通过改进计价方法来准确认定破产债务人的资产与股权价值，比如，在债务人资产负债表的基础上，通过结合运营价值来合理估值。另一方面，破产重整程序中，让债务人企业股权质权人等相关利益者参加协商谈判，在重整计划中通盘考察质权人等相关利益者的利益，并作出相应的安排；法院在确认重整计划时听取所有利益相关者意见，确保对出资人权益的调整是建立在充分考量各方利益基础上的合理方案，以避免产生不必要的争议，影响重整程序的进行，衍生不必要的民事诉讼。

（三）房地产企业重整程序中抵押权与其他权利冲突问题

房地产企业属于资金密集型企业，负债金额高、负债率高，涉及利益主体众多，法律关系复杂，债权结构复杂、多重权利冲突，破产重整往往难度大。尤其是商品房这一标的物上承载着物权、债权等多重法律关系，涉及购房者权利、建设工程施工主体权利、被拆迁人权利等主体的权利实现顺位，以及管理人对待履行合同的选择等问题。由于规范房地产企业法律关系和相关主体权利义务的规定分散于不同的部门法和司法解释中，缺乏系统明确的规定，破产法中缺乏统一的制度安排，从而给审判实践带来困扰，亟待解决。

首先，对于陷入困境的房地产企业，要充分运用重整、和解法律制度，加强庭外重组谈判与庭内重整的衔接，对具有挽救可能和价值的房地产困境企业进行拯救，及时化解风险。基于房地产企业的特殊性，在研判其重整价值时，应当结合债务人企业的市场竞争力、无形资产价值、项目开发建设进展、自身经营能力、投资人意愿等因素综合判断。对于缺乏重整价值和可能，投资人不愿意在原有企业主体框架内参与重整的，在对债务人企业适用清算程序时，应当尽量通过整体出售的方式对资产进行处置，保留企业资产的整体营运价值，最大限度维护购房人、债权人合法权益，维护社会稳定。

其次，在审理房地产企业破产案件中要始终把保障民生放在首位，注重回迁户、消费购房人、建筑承建商、供货商、小额债权人等弱势群体合法权益的保护。从保护生存权、维护人民群众合理住房需求、促进房地产市场平稳健康发展的角度出发，正确处理同一标的物上的权利冲突，兼顾各方利益，实现权利清偿顺序的公平、合理和可行。根据《最高人民法院关于建设工程价款优先受偿问题的批复》（法释〔2002〕16号，以下简称《优先受偿批复》）规定，支付了全部价款的商品房买受人的权利优先于承包人的优先受偿权，而承包人的优先受偿权又优先于一般抵押权。在以往的审判实践中，在能够交付房屋的情况下，一般优先向买受人交付房屋；在不能交付房屋的情况下，购房价款本金优先清偿。民法典施行后，最高人民法院在清理民法典相关司法解释时将《优先受偿批复》废止。在此之后，关于对商品房买受人是否给予特殊保护的问题便在实践中再次引发争议。实践证明，《优先受偿批复》的规定有效保障了商品房消费者的生存权，实现了政治效果、社会效果和法律效果的统一，具正当性与合理性。因此，有观点认为，民法典第四百零四条关于动产抵押权对抗效力的限制性规定，即“以动产抵押的，不得对抗正常经营活动中已经支付合理价款并取得抵押财产的买受人”，并未区分动产抵押是否已经办理抵押登记，即使办理了抵押登记，抵押权也不能对抗买受人，显然有利于消费者权益的保护，在保护商品房消费者问题上可类推适用或参照适用这一条款，笔者认为有一定道理。从我国国情及房地产市场所面临的实际情况看，仍有按《优先受偿批复》的思路给予商品房消费者特殊保护之必要。有鉴于此，从2022年开始，为贯彻落实党中央“保交楼、保民生、保稳定”的重大决策部署，最高人民法院对此问题进行深入研究，并在广泛征求法学理论界和司法实务界的基础上，于2023年4月出台了《关于商品房消费者权利保护问题的批复》，明确以居住为目的购买房屋的商品房消费者的房屋交付请求权优先于建设工程价款优先受偿权、抵押权以及其他债权；在房屋不能交付的情况下，商品房消费者的房屋价款返还请求权优先于建设工程价款优先受偿权、抵押权以及其他债权。

最后，房地产企业破产往往都涉及“半拉子工程”。对此，要灵活运用多元融资模式，积极推动债务人企业在建工程的复工续建，有序化解房屋逾期交付风险。对于为复工续建所借资金的清偿顺位问题，原则上可以根据《最高人民法院关于适用〈中华人民共和国企业破产法〉若干问题的规定（三）》第二条规定，参照企业破产法第四十二条第四项作为共益债务清偿。虽然依据司法解释该条规定，共益债务不得优先于此前已就债务人特定财产享有担保权的债权清偿，但如果房地产企业名下的建设用地使用权以及在建工程已经设立了抵押，根据民法典第四百一十六条、《担保制度解释》第五十一条的规定，土地上的新增建筑物以及建筑物的续建部分不属于原抵押财产范围，续建费用作为共益债务可以在续建部分价值范围内优先受偿。

五、关于证券虚假陈述案件审理中的有关问题

2022年1月21日，最高人民法院在总结审判经验的基础上，对《最高人民法院关于审理证券市场因虚假陈述引发的民事赔偿案件的若干规定》（法释〔2003〕2号，以下简称2003年《虚假陈述案件规定》）作了系统性的修订，发布了《最高人民法院关于审理证券市场虚假陈述侵

权民事赔偿案件的若干规定》（法释〔2022〕2 号，以下简称 2022 年《虚假陈述案件规定》），对证券虚假陈述行为、重大性、交易因果关系、过错、损失因果关系等侵权责任构成要件作了更为细致的规定，明确了控股股东及实际控制人、重大资产重组交易对方和配合财务造假者等责任主体的“首恶”和“帮凶”的责任。2022 年《虚假陈述案件规定》已经回应了审判实践中所提出的绝大部分问题，但从审判实践中的情况看，还有一些问题值得进一步深入讨论。

（一）前置程序取消后的审查起诉问题

2022 年《虚假陈述案件规定》明确废除了前置程序，这是为及时充分保障受损投资者诉权的一项重大制度变革。在取消前置程序之后，为正确把握审查起诉的标准，应当注意三个方面：首先，取消前置程序不等于有诉必立，案件受理必须符合法定的起诉条件。起诉条件承载着保障当事人诉权和防止滥诉两大功能，前置程序的废除并未降低民事诉讼法规定的起诉条件。在前置程序取消后，为避免没有理据的维权诉讼给上市公司的正常经营带来负面影响，给资本市场秩序带来不适当的冲击，在立案受理阶段必须严格按照民事诉讼法第一百二十二条规定的起诉条件进行审查，在该条规定的四项起诉条件中，具体的诉讼请求和事实理由是立案受理环节必须加以审查的一个重要内容。2022 年《虚假陈述案件规定》第二条第一款规定，原告提起证券虚假陈述侵权民事赔偿诉讼，只要符合民事诉讼法第一百二十二条规定并提交原告身份证明文件、存在虚假陈述的相关证据以及因虚假陈述进行交易的凭证和投资损失等相关证据，人民法院就应当予以受理。这是从诉讼请求、事实理由及举证责任三个方面对起诉条件进行了明确：诉讼请求指的是当事人想要实现的实体权益内容；具体的事实和理由不仅包括纠纷的所有事实经过，还包括能够推导出诉讼请求的法律上的依据；就前述主张，当事人还必须提供相关的证据。其次，对起诉状中事实理由具体化的要求，应当根据原因事实的不同而有所区别。要求原告在起诉书中必须对支持其诉讼请求的所有相关事实进行全面的陈述，不仅有利于案件受理后被告能够进行针对性的抗辩，也有利于人民法院及时整理争点。在起诉阶段，原告必须根据法律和司法解释规定的民事责任构成要件，对被告实施了虚假陈述行为、虚假陈述行为的重大性、交易因果关系、被告的主观过错、原告因此所受的损失、损失因果关系等六个方面的原因事实进行具体化的陈述。考虑到证券民事诉讼固有的信息不对称、绝大部分由上市公司持有、投资者取证困难等实际情况，为实现实质公平，证券法和司法解释采用了过错推定、交易因果关系推定和损失因果关系推定的制度安排，投资者只对被告是否实施了虚假陈述行为承担结果意义上的证明责任。由此，在审查起诉时对不同责任要件的原因事实和理由，具体化的要求应当有所区别。具体而言，原告对被告实施了重大虚假陈述行为的起诉原因事实负有具体的主张责任，并应当提供相关证据加以证明，而对于虚假陈述行为被告的过错、交易因果关系、损失及损失因果关系等起诉原因事实，则可适当放宽具体化的要求，在起诉书中进行合乎逻辑的描述，被告据此开展针对性的抗辩即可。最后，加强审查起诉阶段对当事人的诉讼指导工作。证券诉讼的专业性强，且我国也没有实施律师强制代理制度，不能苛求当事人在起诉阶段所陈述的原因事实契合法律规定的要件事实，更不能苛求当事人提出的法律理由是基于对法律的正确理解而提出，在审查立案阶段应当适度行使释明权，指导当事人补充提供相关材料，这一点尤其值得强调。在此前的审判工作中有这样的案例，上市公司实施了诱空型的虚假陈述，投资者以其买入股票遭受损失为由提起诉讼，法院受理后以不存在交易因果关系为由驳回了投资者的诉讼请求。案件处理的结果虽然是对的，但如果法院能在立案受理阶段就适当释明，以此过滤掉不符合法定起诉条件的争议，社会效果会好很多。

（二）连带责任的范围问题

证券法第八十五条和第一百六十三条规定了相关责任主体与发行人的连带责任，就连带责任的范围是否应当与相关责任主体的过错程度相适应以体现“过罚相当”原则问题，在2022年《虚假陈述案件规定》制定过程中进行了认真的研究。由于各方认识不一，2022年《虚假陈述案件规定》对此没有规定，而是留待审判实践中进一步总结经验。在2022年《虚假陈述案件规定》讨论过程中，有观点认为，共同侵权的本质是共同故意，连带的基础在于具有共同的意思联络。而对于无意思联络的多数人侵权，如果能够确定各自的责任大小，则应当适用部分连带责任。因此，在上市公司持续信息披露构成虚假陈述的场合，发行人的会计舞弊行为是故意而为，而承销保荐、证券服务等中介机构作为从事审核、验证的专业机构，其职责是利用自身的专业知识为投资者“把关”，充当“看门人”。首先，在中介机构故意配合造假的情况下，认定发行人与中介机构相互通谋并应共同承担连带责任，理由充分，但在中介机构只是因为过失没有发现发行人财务造假的情况下，很难说是构成共同侵权，适用全额连带责任未必符合公平、公正原则。其次，“过罚相当”的民事赔偿责任有利于避免“寒蝉效应”，稳定资本市场各方参与主体的预期。许多人民法院在审理证券虚假陈述纠纷案件时，已充分关注到了上述观点，并依据具体案件事实，特别是有关主体的过错大小，判处“过罚相当”的连带责任。从社会各界的反应看，取得了比较好的法律效果和社会效果。

（三）诉讼时效的衔接适用问题

2003年《虚假陈述案件规定》在规定前置程序的同时，将行政处罚决定或生效刑事判决作出之日作为诉讼时效的起算点，这是符合制度设计逻辑的。民法典第一百八十八条规定，诉讼时效期间自权利人知道或者应当知道权利受到损害以及义务人之日起计算。具体到证券市场上，投资者知道或者应当知道虚假陈述之日，是其知道或者应当知道权利受到损害以及义务人之日。在废除前置程序的情况下，以行政处罚决定或生效刑事判决作出之日起算诉讼时效的做法，已经不符合民法典等民事法律的规定，故2022年《虚假陈述案件规定》第三十二条规定，当事人主张以揭露日或更正日起算诉讼时效的，人民法院应当予以支持。在2022年《虚假陈述案件规定》颁布后，部分代理律师提出，其所代理的案件因为多元化解工作机制、法院示范判决、专项风险化解等工作安排没有在法院立案，进而担心法院对其民事权利不予保护，这种担心是没有必要的。首先，根据民法典等法律和司法解释的规定，在诉讼时效期间内，只要投资者以书面或者口头方式向人民法院起诉，或者向有关调解组织、国家机关、事业单位、社会团体等社会组织提出过保护相应民事权利的请求，或者向公安机关、人民检察院、人民法院报案或者控告，请求保护其民事权利的，都构成诉讼时效的中断。其次，为更进一步保护投资者的权利，2022年《虚假陈述案件规定》第三十三条还规定，只要有部分投资者向人民法院提起了普通代表人诉讼，这一起诉行为对所有具有同类诉讼请求的投资者都产生诉讼时效中断的法律效果。这一制度设计，体现了代表人诉讼中“一人维权、惠及他人”的法律效果，是对投资者保护作出的更为有利的安排。最后，由于2003年《虚假陈述案件规定》与2022年《虚假陈述案件规定》在诉讼时效方面的规定发生了明显变化，为避免出现投资者因未及时主张权利而无法得到救济的情况发生，充分保护投资者的诉讼权利和合法民事权利，就2022年《虚假陈述案件规定》实施后诉讼时效的衔接适用问题，最高人民法院专门下发了《关于证券市场虚假陈述侵权民事赔偿案件诉讼时效衔接适用相关问题的通知》（法〔2022〕36号），明确：“一、在《规定》实施前国务院证券监督管理机构、国务院授权的部门及有关主管部门已经做出行政处罚决定的证券市场虚假陈述侵权民事赔偿案件，诉讼时效仍按照原司法解释第五条的规定计算。二、在《规定》实施前国务院证券监督管理机构、国务院授权的部门及有关主管部门已经对虚假陈述进行立案调查，但尚未作出处罚决定的证券市场虚假陈述侵权民事赔偿案件，自立案调查日至《规定》实施之日已经超过三年，或者按照揭露日或更正日起算至《规定》实施之日诉讼时效期间不足六个月的，从《规定》实施之日起诉讼时效继续计算六个月。”

【执行局长论坛】

关于进一步推进“执源治理”的对策建议

黄文俊*

习近平总书记深刻指出：“法治建设既要抓末端、治已病，更要抓前端、治未病。我国国情决定了我们不能成为‘诉讼大国’。我国有14亿人口，大大小小的事都要打官司，那必然不堪重负！”① 2021年2月，中央全面深化改革委员会第十八次会议审议通过的《关于加强诉源治理推动矛盾纠纷源头化解的意见》也明确提出：“要把非诉讼纠纷解决机制挺在前面，推动更多法治力量向引导和疏导端用力，加强矛盾纠纷源头预防、前端化解、关口把控，完善预防性法律制度，从源头上减少诉讼增量。”最高人民法院张军院长也反复强调，“必须做实诉源治理”“解决执行难问题还要深化，执行难的源头问题要思考……这也是诉源治理”。

一、推进“执源治理”的现实需要

近年来，特别是2015年立案登记制改革以来，人民法院坚持有案必立、有诉必理，畅通了人民群众诉讼渠道，长期困扰人民群众的立案难问题基本得到有效解决。有矛盾纠纷找法院成为人民群众的朴素价值观念和追求，这一方面体现了人民群众对法院的信赖，体现了人民法院的

* 最高人民法院执行局局长。

① 习近平：《坚定不移走中国特色社会主义法治道路，为全面建设社会主义现代化国家提供有力法治保障》，载《求是》2021年第5期。

重要性，另一方面也使得人民法院日益成为矛盾纠纷的“集散地”和“终点站”。随之而来的是大量案件涌入人民法院，案件量长期保持高位运行，压力不断增大，一定程度上超出了人民法院可承受之重，甚至可以说不堪重负，既与习近平总书记提出的“我们不能成为‘诉讼大国’”的重要指示和中央关于“从源头上减少诉讼增量”的明确要求存在较大差距，也难以更好进一步抓实“公正与效率”这一司法审判工作的永恒主题。据统计，2018 年至 2022 年，地方各级人民法院受理案件 1.47 亿件，审结、执结 1.44 亿件，比上一个五年分别上升 64.9% 和 67.3%。仅 2022 年地方各级人民法院就受理案件 3370.4 万件，审结、执结 3081 万件，法官人均办案量从 2017 年的 187 件增至 2022 年的 242 件，增幅 29.41%。

与此对应，虽然经过人民法院不懈努力，近年来人民法院生效裁判的自动履行率逐步提升，但因诉讼案件数量基础庞大，仍有大量案件因当事人未自动履行而进入法院执行程序。同时，仲裁、公证等多元纠纷解决机制的快速发展，一定程度上确实可以起到分流部分原来可能进入法院诉讼程序的案件的作用，但一旦这些多元纠纷解决机制形成的生效法律文书得不到当事人自动履行，案件最终还是会大量涌入法院执行程序，需要法院执行工作进行“兜底”。而事实也确实如此，导致执行案件量居高不下，长期保持高位运行，并未随着多元纠纷解决机制的逐步完善而相应减少。据统计，2018 年至 2022 年，地方各级人民法院受理执行案件 4577.3 万件，执结 4512.1 万件，执行案件量约占全国法院全部案件量的 1/3，仅 2022 年地方各级人民法院就受理执行案件 1402.5 万件（包括恢复执行案件和保全案件），而目前全国法院在编执行干警仅 5 万余人，执行法官仅 1.9 万余人，实难应对不断增长的办案压力。执行干警以占全国法院在编干警 1/6 左右的人员，办理了全国法院约 1/3 的案件。以 2022 年为例，执行法官年人均办案约 734 件，有些地区多达 1000 多件，案多人少矛盾在执行领域特别突出，也难以从执行系统内容深挖潜力。这就需要我们进一步牢牢抓实“公正与效率”这一司法审判工作的永恒主题，采取有效、有力、有针对性措施加快抑增量、去存量、控总量，强化“诉源治理”“执源治理”，从根本上减少案件发生，解决长期存在的执行工作内外感知差距较大问题，回应人民群众对执行工作的新期待、新需求，不断提升人民群众对执行工作的获得感和满意度。

二、推进“执源治理”的对策建议

执行难成因复杂，是各种社会问题和矛盾叠加、交织的集中体现。概括起来，既有社会诚信体系不健全，被执行人规避执行、逃避执行、抗拒执行，执行规范化水平不高，执行力量不足，执行体制机制不健全等所谓“执行不力”原因；也有确无财产可供执行案件“执行不能”原因，如被执行企业债台高筑、濒临破产，甚至处于无人员、无财产、无办公场所的“三无”状态，这些“僵尸企业”在执行中形成的大量“僵尸案件”；被执行人自始就财力有限，甚至“家徒四壁”，确无清偿能力的案件。而其中一个重要因素是，执行案件量持续增长的势头没有从根本上得到有效遏制。

为深入贯彻落实习近平总书记重要指示、重要讲话精神和全国“两会”精神，全面落实最高人民法院张军院长指示精神，最高人民法院执行局通过召开视频座谈会、现场座谈会、纳入全国法院执行局长专题培训班调研课题、书面调研等多种方式，广泛听取各级法院意见建议，结合执行工作实际，侧重从人民法院内部着手，对推进“执源治理”提出如下对策建议。

一是主动融入国家治理、社会治理。张军院长指出，“推进‘诉源治理’，人民法院是最有条件的”。在推动完善社会治理体系过程中，人民法院不能恪守“被动司法”，必须注重“能动司法”，积极主动融入党领导下的国家治理、社会治理，特别是基层社会治理、城乡社区治理、市域社会治理，巩固、深化、拓展一站式多元纠纷解决机制，推动定分止争职能向矛盾纠纷源头和前端延伸，力争及时把矛盾纠纷化解在基层、化解在萌芽状态，从源头上减少矛盾纠纷产生，有效减少诉讼案件数量，进而减少执行案件数量，通过“诉源治理”推进“执源治理”。在“诉源治理”过程中，要特别注意矛盾纠纷实质性化解力度，对于有给付内容的，要特别注意推动即时履行，提高“即时履行率”，防止变数发生。

二是注重发挥司法建议重要作用。立案、审判、执行工作部门要做实“抓前端、治未病”要求，不仅办好每一起案件，更要针对个案、类案发生的原因，注意收集、汇总、研究、提炼有关部门治理、行业治理、条线治理等社会治理中存在的问题，认真分析，深入研判，拿出对策，主动向有关部门提出针对性司法建议，积极促进有关部门科学决策、完善管理、消除隐患、改进工作、规范行为，预防和减少社会矛盾纠纷，努力实现“审理一案，治理一片”，推动矛盾纠纷化解从终端裁决向前端防控转变，从根本上减少案件发生。提出司法建议的法院部门，要当好“债权人”和“债务人”，既要善于依法提出司法建议，更要善于推动落实，定期回访、掌握情况、加强督导、跟踪问效，主动跟进司法建议回复、采纳、落实等情况，确保司法建议能提出、可落实、有实效。要把司法建议提出和督促落实情况纳入正在研究制定中的审判质效管理指标体系，充分调动法院部门开展司法建议工作的积极性和主动性。

三是建立立审执工作部门会商机制。由立案、审判（民商事）、执行工作部门建立定期工作会商制度，形成相互衔接、相互协调、相互配合、相互制约的工作机制。常规性会商每季度开展一次，通报情况、共享信息、强化协商，重点解决影响立审执协调配合顺畅运行的带有普遍性的阻滞性、机制性问题。专门会商可经立审执工作部门沟通后随时开展，一事一会商，重点解决立审执协调配合运行过程中的个案问题、具体性问题。对于执行案件立案问题，可由立案部门先行商执行部门研究裁判文书的可执行性，重点在于研究债务人责任财产状况也即履行能力，特别是是否存在客观上不具备执行条件，即使人民法院穷尽一切措施也无法实际执行到位的“执行不能”情况，进而决定是否立案执行，同时引导当事人通过其他合法途径实现权利救济。

四是建立诉前、诉中风险告知和提示制度。做到“关口前移”“服务前置”，将诉讼、执行风险告知和提示前置于立案环节，贯穿于立案、审判全过程。立案部门在收取起诉材料时，即向原告发放《诉讼风险告知书》，告知原告诉讼风险，释明生效法律文书可能存在的“执行不能”风险，尽可能降低原告对人民法院诉讼和执行工作的不合理预期，特别是目前实践中普遍存在的许多当事人及社会公众认为生效法律文书是以国家信用作背书，只要有生效文书就一定要执行到位，要求法院“兜底”、承担化解一切风险“无限责任”的不合理预期，提醒、引导原告理性正确选择合法权利救济途径，避免原告因对司法的不合理期待而使自己陷入“司法不公”“执行不力”的窠臼。在收取申请执行材料时，即向申请人发放《执行风险提示书》，告知申请人负有向人民法院提供被执行人财产线索、下落等义务，以及可能存在的无财产可供执行导致的“执行不能”风险。向被申请人发放《责令履行通知书》，告知被申请人不及时履行生效法律文书确定的义务可能面临的不利法律后果，责令被申请人及时履行。同时，可由原、被告双方签署《承诺书》，防范和惩治虚假诉讼。审判部门在案件审理期间，应及时向被告发放《执行风险提示书》，告知被告如将来败诉但不及时履行生效法律文书确定的义务可能面临的不利法律后果，包括但不限于迟延履行利息、罚款、拘留、限制高消费、纳入失信被执行人名单、追究拒执罪等。

五是建立判后督促履行制度。鉴于目前很多当事人并不十分了解不及时履行生效法律文书可能承担的不利法律后果，因此，有必要建立案件“谁办理、谁负责督促履行”机制，将裁判文书自动履行率纳入正在研究制定中的审判质效管理指标体系。审判部门在作出裁判时，有必要在裁判文书中附上《督促履行告知书》，告知义务人不及时履行生效法律文书确定的义务可能面临的不利法律后果，引导、督促义务人及时主动履行义务，提升生效法律文书自动履行率，降低进入执行程序的案件数量。立案部门在申请人申请执行后、执行案件立案前，即向被申请人发放《执前督促告知书》，告知被申请人不及时履行生效法律文书确定的义务可能面临的不利法律后果，引导、督促被申请人及时主动执前履行。

对于符合条件的，立案、审判部门可以向义务人（被申请人）出具《自动履行证明书》，在反向鞭策履行的同时，注重正向履行激励，推动补齐自动履行短板，促进形成生效法律文书“自动履行为主、强制执行为辅”的工作格局。

六是充分发挥财产保全功能作用。改变执行工作的末端效应，变末端治理为源头治理。立案部门在收取起诉材料时，即向原告发放《财产保全告知书》，就申请财产保全作必要说明，告知原告申请财产保全的具体流程、担保方式及风险承担等信息，引导原告及时向人民法院申请财产保全，提高财产保全率，尽最大努力降低债务人提前转移财产的可能。审判部门在案件审理期间，要及时提醒未申请财产保全的原告及时申请诉讼财产保全，或者及时申请续保，防止财产“脱封”。可以充分发挥执行指挥系统的功能作用，将其中的网络执行查控手段前移到立案、审判环节，及时、有效控制债务人财产，以保全促调解、促和解、促执行，降低后续申请执行人权利落空的风险，从源头上减少进入执行程序的案件数量。要把保全率纳入正在研究制定中的审判质效管理指标体系，充分调动立案和审判部门依法开展财产保全工作的积极性和主动性。

七是提升裁判文书的确定性和可执行性。目前，各级法院还存在审判部门在作出裁判时，未充分注意、考虑生效法律文书的确定性和可执行性的问题，这给后续执行工作带来很大障碍，实践中有些执行案件因此得不到及时有效执行。张军院长就曾明确指出：“有没有作出一、二审裁判时对执行考虑不够甚至不予考虑的问题?”“同样的一审结案率，有的法院一审审完之后执行不到位的比例高，另一个法院在办案的同时把后续的执行问题考虑进来了，审判之后执行相对顺畅，这就是质量的差别。”为此，审判部门在案件审理过程中特别是作出裁判前，要充分考虑裁判内容的确定性和可执行性。要切实提高裁判文书质量，有金钱给付内容的，裁判主文应当明确具体数额、计息的起止时间、标准，给付条件等；确定履行非金钱给付义务的，裁判主文应当对义务内容界定清楚，期限规定明确，同时应明确不履行义务所应替代的方式等，为案件可能进入执行程序打好基础。另外，要通过打通执行依据瑕疵的解决路径，为执行工作扫清障碍，促进形成“在立案阶段考虑执行、审判阶段兼顾执行、执行阶段扫除障碍”的工作模式。在民事调解中，应当审查双方当事人意思的真实性、合法性，注重调解书的可执行性。能即时履行的，应要求当事人即时履行完毕，不能即时履行完毕的，可以引导当事人在调解协议中增设违约限制条款或者担保履行条款，防止“空调白判”情况出现。要将裁判文书（包括调解书）的确定性和可执行性、调解书的即时履行情况纳入正在研究制定中的审判质效管理指标体系，以考核倒逼承办法官和合议庭提高裁判文书质量，主动考虑案件后续执行问题。

八是加快推进“执破融合”工作。当前，由于破产程序和执行程序衔接运行不畅，两种程序互相促进功能发挥不足，导致大量“执行不能”案件无法有序推出，成为影响执行案件“去存量”的关键因素之一。为此，有必要进一步积极推进“执转破”工作，并向加快向“执破融合”方面升级，进一步加强执行程序与破产程序的全方位深层次融合，构建一套更高效公平的债务集中清偿机制，通过“以破促执”“以执助破”，更好地实现市场主体“挽救”和“僵尸企业”的“出清”力度，逐步形成债务集中清理工作大格局，构建一套更高效公平的债务集中清偿机制。完善当事人申请或者同意“执转破”的激励和约束机制，做到应转必转、当破则破，确保渠道畅通，运转有序。同时，要推动建立个人破产制度，促进确无履行能力的诚信被执行人个人有序退出执行程序。

九是切实提升执行工作威慑力。应毫不动摇坚持强制执行理念，依法充分适用罚款、拘留、限制出境、追究拒执犯罪等强制执行措施，加大对抗拒执行、阻碍执行、暴力抗法行为的惩治力度，严厉打击拒执犯罪，切实增强执行威慑力。在当前逃避执行、抗拒执行仍较为普遍的情况下，应当重新评价拒执行为的社会危害性，推动提高拒执罪的量刑幅度，完善对拒执犯罪的追究机制，增强刑事追究的严肃性，有效推动被执行人主动履行义务。此外，当前社会信用体系建设多致力于打造“一处失信，处处受限”的惩戒机制，而对守信的褒奖激励机制相对缺乏，有必要在继续坚持失信惩戒不动摇的情况下，通过正向激励补齐信用建设短板，引导、激励被执行人自动履行，通过正面引导、反面惩戒，实现双向发力，将信用惩戒的着力点聚焦到打击少数规避执行、抗拒执行等违法失信行为上来，推动失信惩戒向精准化精细化方向发展，推进执行难源头治理。考虑到各信用平台、征信平台、商业银行等主体之间可能存在信息不对称、信息共享不及时等问题，为了避免主动完成履行义务的被执行人在失信信息被人民法院屏蔽后仍被有关单位信用惩戒，执行工作部门应定期向有关信用平台、征信平台、商业银行等主体推送信用信息。可以出具《信用修复证明书》等证明材料，以及满足主动完成履行义务的被执行人因融资、招投标等在信用修复证明方面的需要。同时，可以联合市场监管、财政、税务、金融机构等主体，为诚信履行的被执行人推出行政审批绿色通道、纳入招投标项目评审、给予财政性资金扶持、纳入企业评定和纳税信用评价、给予授信融资支持、视情减免加处的罚款或滞纳金等进一步激励举措。

十是构建一体化考核制度。执行工作绝不是单纯的业务性工作，而是一项需要各级法院党组统筹、各部门齐抓共管的综合性、全局性工作。要根据执行工作的特点和功能定位，构建一体化考核机制，将执行工作部门由被考核单位变为考核单位，变“单一考核”为“全覆盖考核”，将与执行工作相关的多个部门均作为被考核主体，全面构建一体化全覆盖考核体系。被考核部门可以涵盖与执行相关的立案、刑事审判、民商事审判、赔偿、法警、督察、行装、组织人事、宣传教育等多部门，以考核凸显执行工作的综合性、全局性，强化考核“指挥棒”导向功能。将考核结果作为干部选拔任用的重要依据，确保用制度管人管事管案。

以党的二十大精神为指引推进执行工作现代化

洛大雨*

党的二十大擘画了以中国式现代化全面推进中华民族伟大复兴的宏伟蓝图。习近平总书记所作的大会报告，系统阐释了中国式现代化的领导力量、中国特色、本质要求、战略安排等一系列重大问题，对以中国式现代化全面推进中华民族伟大复兴作出全面部署。

执行工作是党和国家事业的重要组成部分，推进执行工作现代化是中国式现代化的应有之义。执行工作是党和国家各项事业的重要保障力量，必须以执行工作现代化更好服务保障中国式现代化。党中央对中国式现代化作出全面部署，既为推进执行工作现代化提供了历史机遇，也向新时代法院执行人提出了时代之问、历史之问、未来之问，在中国式现代化的大局大势之下，如何交上一份推进执行工作现代化的合格答卷，历史性地落在了我们这一代人身上。在此，结合工作实践和学习心得，谈几点粗浅认识。

一、执行工作现代化，必须是在党的创新理论引领之下的现代化

思想建党、理论强党是我们党的光荣传统和基本的建党经验之一。

* 黑龙江省高级人民法院党组成员，执行局局长。

习近平总书记指出："价值先进、思想解放，是一个社会活力的来源。"①新时代十年，执行工作与党和国家各项事业一道取得了历史性成就，发生了历史性变革，根本在于以习近平总书记为核心的党中央的坚强领导，在于习近平新时代中国特色社会主义思想的科学指引。人民法院执行工作新时代十年发展历程，雄辩地证明推进执行工作现代化，实现到2035年"切实解决执行难"的目标，也必须牢牢坚持党的领导，坚持习近平新时代中国特色社会主义思想、习近平法治思想的科学指导。人民法院执行干警要抓住用好主题教育的契机，学深悟透习近平新时代中国特色社会主义思想和习近平法治思想，切实从中学出政治清醒、政治坚定、政治忠诚、政治担当，为推进执行工作现代化夯实思想根基。

一是牢牢把握执行工作的政治属性，解决好政治与业务的关系问题。习近平总书记深刻指出："法治工作是政治性很强的业务工作，也是业务性很强的政治工作。"② 最高人民法院张军院长强调，人民法院是党领导下的审判机关，要讲政治、顾大局，紧紧围绕强国建设、民族复兴履职尽责，自觉用法治力量捍卫党在中国特色社会主义伟大事业中的领导地位，以依法能动履职巩固党长期执政根基。司法权是政治权力的组成部分，司法审判本身是国家政治架构的一部分，天然地具有政治属性。我们要善于从捍卫党的执政地位的立场、巩固党的执政根基的高度，审视执行案件背后的政治因素，评估执行措施的政治效果，防范执行工作中可能引发的政治风险，切实把张军院长提出的"从政治上看""从法治上办"的要求落到实处。

二是牢牢把握执行工作的人民属性，解决好个案公正与社会公正的关系问题。党的二十大报告深刻指出，"江山就是人民，人民就是江山。中国共产党领导人民打江山、守江山，守的是人民的心"。张军院长多次强调，实现"基本解决执行难"不是终点，而是新的起点；老百姓到法

① 《习近平在纪念马克思诞辰200周年大会上的讲话》，载《人民日报》2018年5月5日。

② 习近平：《论坚持全面依法治国》，中央文献出版社2020年版，第235页。

院打官司是为了解决问题，绝不是来“走程序”的；感受公平正义的主体是人民群众，而不是我们法官；让司法裁判真正符合人民群众普遍的、朴素的正义感受，这才叫实现公平正义。这些质朴的话语、鲜明的论断，饱含着人民立场、赤子情怀、辨证思维和前瞻视野，是对人民司法人民性的精准表达，加深了广大执行干警对人民法院执行工作人民属性的理解。执行工作承载着打通司法公正“最后一公里”的重任，如果人民群众胜诉权益不能依法兑现，裁判文书所确认的“真金白银”不能装进百姓的“衣兜”，抑或因执行失范、执行失当损害群众权益、伤害群众感情，都有悖于执行人民性的要求，也无法实现通过个案的公正执行修复受损的社会关系，促进社会公正，维护社会和谐。社会公正来源于个案公正的累积，群众对司法不公的感受来源于个案不公的叠加。这就要求我们要从手头办理的每一起具体案件做起，聚沙成塔、集腋成裘，不断增强公平正义的成色，不断提升人民群众对公平正义的感知，厚植党的执政根基。

三是牢牢把握执行工作的法律属性，解决好执行强制性与灵活性的关系问题。法律是国家强制力的表现，习近平总书记深刻指出：“所谓公正司法，就是受到侵害的权利一定会得到保护和救济，违法犯罪活动一定要受到制裁和惩罚。如果人民群众通过司法程序不能保证自己的合法权利，那司法就没有公信力，人民群众也不会相信司法。”① 最高人民法院要求，人民法院执行工作要依法突出强制性，大力推进信息化、规范化，执行权的性质决定了执行工作必须首先突出强制性，强制性是执行工作的天然属性。失去强制性，执行就失去了存在的价值和发展的根基。因此，在执行工作具体实践中，要突出强化强制性的本质特征，依法用足、用好、用活强制手段，最大限度确保裁判文书执行到位。同时，要坚持善意文明执行，综合运用财产报告、设置宽限期、灵活查控、企业

---

① 中共中央文献研究室主编：《习近平关于全面依法治国论述摘编》，中央文献出版社2015年版，第67页。

合规等相对“柔性”的措施，把执行工作对群众生产生活、对企业经营发展的影响降到最低限度。处理好执行强制性与灵活性的关系，让案件当事人在感受到强制执行力度的同时，也感受到善意文明执行的温度，这是执行工作法律属性的基本要求，也是中国特色社会主义制度优势的具体体现。

四是牢牢把握执行工作的社会属性，解决好服务局部与服务大局的关系问题。服务保障振兴发展、参与社会治理、优化发展环境是执行工作社会属性的根本要求和使命所在。当前，一些执行干警对服务保障大局存在认识误区：有的习惯于机械司法、孤立办案，服务大局认识虚无化；有的眼中只有地方“大局”，没有全省、全国的“全局”，服务大局认识片面化；有的一强调服务大局，就守不住法律底线，甚至以服务大局为名行地方保护之实，将服务大局认识对立化。执行干警要树立正确的大局观念，强化平等保护意识，努力以公正高效文明执行，推动法治统一、市场统一，全面提升服务保障振兴发展能力。

二、执行工作现代化，必须是新时代十年执行成就基础之上的现代化

承前启后、继往开来是通往执行工作现代化的必由之路。就黑龙江执行工作而言，新时代十年执行工作的跨越式发展，为执行工作现代化奠定了坚实的基础。特别是“基本解决执行难”、政法队伍教育整顿、“四说四改”等工作的开展，使黑龙江法院执行队伍经受了思想淬炼、政治历练、实践锻炼、专业训练，为推进执行工作现代化积累了经验，也从体制机制、物质保障、技术支撑、社会环境等方面夯实了发展根基。

一是综合治理执行难大格局不断完善。中央全面依法治国委员会印发《关于加强综合治理从源头切实解决执行难问题的意见》后，黑龙江省委全面依法治省委员会及时出台了实施方案，明确了具体任务和各有关部门职责，“党委领导、政法委协调、人大监督、政府支持、法院主

办、部门联动、社会参与”的综合治理执行难大格局不断完善，不断凝聚起社会各方共同破解执行难的强大合力。

二是失信联合惩戒格局基本形成。省法院与全省 32 家联合惩戒单位签订备忘录，通过网络专线及时推送失信信息，十年来，全省累计录入失信被执行人名单 63.38 万人次，限制购买飞机票 371.77 万人次、高铁动车票 37.11 万人次，限制高消费 89.76 万人次，等等。“一处失信、处处受限”“守信光荣、失信可耻”的社会氛围日益浓厚。

三是“基本解决执行难”取得丰硕战果。全省法院以最有效的方法加大执行力度、以最严厉的措施管理执行队伍、以最积极的态度推进执行信息化建设、以最强大的声势宣传执行成果，2016 年至 2018 年的三年间，累计受理执行案件 47.57 万件，执结 40.97 万件，执行到位金额 575.54 亿元。“基本解决执行难”，壮大了执行声威，提振了执行士气，在全社会形成了关注执行、理解执行、支持执行的良好态势。

四是助力高质量发展的地位日益凸显。全省法院连续八年开展“雷霆行动”，靶向攻坚、集中执结了一大批严重影响经济社会发展的“钉子案”“骨头案”。每年有针对性地组织开展涉民生，涉金融，涉龙煤集团、工大集团、北大荒集团等大型企业，涉党政机关，涉军等执行案件专项清理活动。2022 年集中开展了三轮助力地方法人银行机构改革化险的“百日攻坚行动”，实际执行到位 121.44 亿余元，省委主要领导先后三次批示肯定。

五是网络信息技术得到广泛应用。按照最高人民法院部署，建成三级法院互联互通的执行指挥中心和“点对点”财产查控系统，实现各类财产查控全覆盖。研发数据考核软件，实现案件质效全天候监控。拓展“一案一账号”系统功能，建立案款提存机制，实现执行案款发放“动态清零”。大力推进“智慧执行”App 规范化管理应用，最高人民法院刘贵祥专委批示要求总结推广相关经验。

六是执行权运行监管更加严密规范。把“三统一”管理纳入司法巡查、审务督查，综合采取专项巡查、包片督导、重点约谈、绩效考评等措施，推动统一管理落实落地。全面修订完善各项执行管理制度，纳入《龙法之治：黑龙江法院管理制度》汇编，印发全省一体遵行，实现执行领域管案、管事、管人全覆盖。推行执行权A、B、C分段集约改革，打破“一人包案到底”模式，优化资源配置，强化执行监督，办案质效大幅提升。

七是执行宣传声威同步强化。连续六年下发执行工作宣传方案，组织全省三级法院打造执行宣传精品力作，宣传执行成果、浓厚执行氛围。与省广播电视台合作，自2018年起持续推出“雷霆行动”系列专题报道，生动宣传执行案例，《人民法院报》头版专题报道，执行正能量更加充沛，主旋律更加高昂。

八是执行队伍战斗力明显增强。扎实开展“不忘初心、牢记使命”主题教育、政法队伍教育整顿、能力作风建设等活动，坚决捍卫“两个确立”、做到“两个维护”成为干警自觉行动。持续开展执行顽疾常态化整治、突出问题专项整治，同步开展“一案双查”“四说四改”和警示教育，干警公正廉洁执法意识更加牢固。定期下发类案指引、疑难问题解答，召开执行质效“面对面”分析研讨会，执行案件办理质效显著提升。

三、执行工作现代化，必须是执行管理体制机制更加健全完善的现代化

2019年，最高人民法院发布了《关于深化执行改革健全解决执行难长效机制的意见——人民法院执行工作纲要（2019—2023）》（以下简称《纲要》），明确了深化执行改革、健全执行工作机制等一系列工作任务，2023年是《纲要》实施的最后一年。有必要对照《纲要》落实情况进行全面盘点，结合新形势新任务对执行管理体制机制建设作出新的部署。

一是考核机制要更加科学。现行执行质效考核指标有33项之多，基本实现了对执行办案、执行管理、队伍建设的全覆盖，对各地法院执行

工作起到了导向、激励、引领作用，但实际运行中也存在一些亟待解决的问题。比如，一些地方法院单凭指标高低“论英雄”“谈成败”，部分法院的指标高位运行，但执行案件信访投诉量、违规违纪人数却居高不下，消极执行、选择执行、乱执行等问题依然备受关注。执行工作现代化是以人民为中心的现代化、人民群众满意的现代化。执行指标设定应集中凸显“公正与效率”主题，体现执行工作自身特有规律，紧紧围绕人民群众满意度来考核。

二是制约机制要更加健全。要聚焦执行权力运行。真正把权力关进制度铁笼，比如，大力推进“分段集约、繁简分流”改革，将执行查控、案款发放、财产处置等工作分段办理，防范执行权滥用。要加强关键节点监控。重点强化执行通知书送达、查控措施发起、失信限消启动、财产处置变现、案款收取发放等当事人最为关注的节点进行监督管理，斩断权力寻租利益链，构筑防范腐败防火墙。要深化拓展公开渠道。充分运用智慧法院建设成果，全面拓宽执行办案信息公开渠道，将执行办案各个流程、各个环节及时公开、适时公开、随时公开，让当事人的知情权得到充分保障，让执行办案更加公开透明。

三是执源治理机制要更加深化。执行工作的现代化，不仅要强化执行措施，加大执行力度，抓末端治已病，更要注重能动司法，强化执行源头治理，抓前端治未病，力争将执行案件化解于审判诉讼前、执行申请前，从根源上减少执行案件。推动执行服务进大厅。2023 年初以来，黑龙江法院执行局秉持“事务性工作一站式办理，程序性事项一次性告知”理念，推动执行指挥中心服务群众功能前置、服务群众触角前伸，指导部分中级、基层法院在诉讼服务大厅辟建专门功能区，设置相对独立的“执行服务中心”，统一服务标识，设置专门工作窗口，开通“执行 110”热线，配置自助服务终端，实现现场办公、专人答疑、线上查询、自助打印，取得较好效果，下一步要在全省推开。推进执行法官进网格。推动各级法院执行机构主动对接基层综治中心，参与“无讼”村屯、街道建设，将执行工作重心前移，开展执行法律知识宣传，增强群众守信践诺、诉前保全、协助执行等意识，推动提升自动履行率、执行和解率，从源头上减少执行案件。推进执行调解和解进团队。将执前调解和解工作纳入法院重点考核项目，组建执前调解和解团队，专司执前调解和解工作。对权利义务明确，双方当事人争议不大的案件，直接引入执前调解或和解，力促当事人自动履行义务。推进执行异议复议审查进立案。对于经法定程序确认对执行标的或执行行为异议不成立而反复提出异议的当事人，立案部门应关口前移，直接裁定不予受理，减少执行异议类案件再次进入程序。对于批量执行异议案件，经单案审理确认异议成立的，在不进行批量立案的情况下，经申请执行人同意，可以单案审理结果对批量案件进行处理。

四是联动协作机制要更加有效。要注重内部融合。树立“一盘棋”思想，强化立、审、执协作配合，让立案、审判法官考虑执行的事，在立案、审判环节加大执行不能风险提示，提醒当事人通过及时采取诉前保全、诉中保全等措施，保障自身权益及时兑现，变“执行一家事”为多部门协调配合。重大案件裁判前执行人员提前介入，将判项不明、不具有执行内容而无法执行等问题列入审判法官负面清单，促进审判、执行联动。要强化外部协作。健全综合治理执行难大格局建设，拓宽失信联合惩戒面，全面压缩被执行人活动空间。严厉打击拒执犯罪，构建党委领导、政法委牵头、法院主导、多方参与的打击拒执犯罪工作格局，树立司法权威。健全执行联动协作机制，重点拓宽查人找物手段和措施，让被执行人及其财产无处遁形，保障胜诉当事人权益及时兑现。

四、执行工作现代化，必须是民事强制执行法得到完善和有效实施的现代化

2022 年 6 月，《中华人民共和国民事强制执行法（草案）》（以下简称草案）提请十三届全国人大常委会第三十五次会议初次审议。制定民事强制执行法是实现党中央提出的“切实解决执行难”目标的重要举措，是建立综合治理、源头治理执行难长效机制的制度成果，为推进执行工

作现代化提供了可靠的立法保障，突出体现在以下三个方面。

一是为推进执行服务现代化提供了立法保障。现代化的执行服务强调以人民为中心，突出体现为践行善意文明执行理念，充分保护各方当事人和利害关系人合法权益。为此，草案第 5 条确立了执行比例原则："民事强制执行应当公平、合理、适当，兼顾各方当事人和利害关系人的合法权益，不得超过实现执行目的所需的必要限度。"具体而言，执行法院在实施执行行为时，既要保证及时、高效、持续地实现债权人合法权益，也要避免成为债权人滥用权利的工具。最适当的执行状态应是在对被执行人造成侵害影响的最小范围内，最大限度实现申请执行人合法权益。比如，被执行人有多项财产可供执行的，人民法院应选择对被执行人生产生活影响较小且方便执行的财产执行；又如，对能"活封"的财产，尽量不进行"死封"，使查封财产能够物尽其用，避免社会资源浪费。再如，各地法院可以根据案件具体情况，对于决定纳入失信名单或者采取限制消费措施的被执行人，可以给予其一至三个月的宽限期。在宽限期内，暂不发布其失信或者限制消费信息；期限届满，被执行人仍未履行生效法律文书确定义务的，再发布其信息并采取相应惩戒措施。执行法院在对债务人采取执行措施时，需要找准申请执行人与被执行人之间的利益平衡点，采取灵活、适当的执行措施，而不得超过实现执行目的所需的必要限度，从而实现法律效果与社会效果的有机统一。

二是为推进执行管理现代化提供了立法保障。执行管理现代化主要体现为执行的信息化，即通过信息技术提升案件办理实效，保障执行操作合规。执行信息化体现为法院执行指挥中心、"总对总"网络执行查控系统、"一案一账户"系统，以及执行案件流程管理系统等一系列执行信息系统的建设、完善与运用。例如，黑龙江省法院正拓展"一案一账号"系统功能，下放执行案款监管权限，充分发挥中级法院执行局管理职能作用，实现执行案款发放"动态清零"，确保案款收发公开透明、及时高效、全程留痕，有效堵塞案款管理漏洞，消除廉政风险隐患。对于执行信息化，草案第 6 条创新规定"民事强制执行应当充分运行现代信息科技”；第26条规定“人民法院应当建立网络信息平台，将执行当事人、终结本次执行程序案件、限制消费、失信惩戒、执行裁判文书等信息向社会开放，对依法应当由案件当事人知悉的信息通过信息化方式及时向其推送”；第51条第3款规定“人民法院应当与持有主要财产、身份信息的组织建立信息网络平台，通过在线方式进行财产调查。有关组织反馈的电子查询结果与纸质反馈结果具有同等法律效力”。现代信息科技系统与民事执行系统的结合，基本可以实现对法院执行工作的扁平化、集约化、可视化、规范化、智慧化管理，这不仅能够提升执行质效，有效减少和杜绝传统执行管理方式下消极执行、选择性执行、乱执行等不规范执行行为，还能减少执行人员的事务性工作，缓解案多人少矛盾。

三是为推进执行实施现代化提供了立法保障。执行实施是法院执行的关键环节，是推进执行现代化的主要场合。现代化的执行实施要求按照信息化和制度化的执行体系实现可供执行财产的发现、查控和变现。在可供执行财产的发现上，草案第44条要求申请执行人应当提供执行所需要的财产、身份等信息；第46条规定执行法院可以向被执行人发出财产报告令，要求被执行人如实报告其当前财产情况和信息；第52条规定执行法院可以发出律师调查令，以此实现执行法院、申请执行人、被执行人三方共同发现可供执行的财产。在可供执行财产的查控上，随着“总对总”“点对点”“点对总”等执行查控系统的建立健全，自动化、网络化的执行查询、控制、扣划体系实现了协执单位全覆盖、查控扣环节全覆盖、主要财产形式全覆盖，执行财产网络查询逐步取代“登门临柜”办案模式而成为一种基本运行方式。在可供执行财产的变现上，执行的现代化主要体现为网络司法拍卖。草案第111条规定“变价不动产，应当通过网络司法拍卖、变卖平台进行，但是不宜采用此种方式的除外”，将网络司法拍卖作为执行变价的首选方案，贴合了执行现代化的转型要求。

除此以外，在草案审议过程中，一些代表也提出了一些意见建议，在执行实践中也存在一些亟待解决而草案没有涉及的问题，有待在草案修订中予以关注。比如，在个人破产制度尚不宜在全国范围实施的情况下，可否增加对“被执行人所有银行卡在一定时间段内（自债务产生之日起，直至司法审计启动之日止）的银行流水进行司法审计”的制度设计，以此来判断债务人“欠债不还”是故意还是无奈，使恶意转移财产、隐匿财产的行为得以暴露，既对行为人起到强大震慑作用，也为债权人提起撤销之诉并追究拒执罪等打下坚实的证据基础；再如，可否借鉴一些省份法院的经验做法，建立起全国范围内的法院与公安机关之间的查人、找物、拘留等的联动机制，更好借助公安机关优势，破解法院案多人少、技术力量不足等问题。

五、执行工作现代化，必须是执行干警能力作风全面过硬的现代化

党的十八大以来，习近平总书记多次将“干部能力作风建设”提升到全局高度和战略视角进行部署。习近平总书记在黑龙江考察时，也突出强调，要坚持把改进干部作风作为振兴发展的重要保证。张军院长要求，必须弘扬专业精神，加强专业能力建设，才能不负强国建设、民族复兴的“接力棒”。全省法院执行条线要锚定助力推进中国式现代化龙江实践要求，进一步提升能力、改进作风，不断适应执行工作现代化对执行队伍提出的新要求。

一要提升专业能力。进入新阶段、开启新征程，执行领域需要解决的问题越来越多样、越来越复杂，对执行干警能力水平提出了新的更高要求。我们要坚持练好“内功”，着力锻造过硬本领，为执行工作现代化提供智力支撑和不竭动力。要刻苦钻研马克思主义基本原理特别是新时代党的创新理论成果，坚持把学习习近平新时代中国特色社会主义思想、习近平法治思想作为必修课。要加强专业技能培养，广泛征集各级法院执行干警的培训需求，努力提升干警专业思维、专业素养、专业能力，培养更多执行工作行家里手。要建立常态化长效化学习机制，定期举办“业务讲堂”、业务测试，形成勤学苦练的浓厚氛围。

二要弘扬工匠精神。及时修订执行制度规范，为做细、做深、做实各项执行工作提供全方位指引和约束。引导干警深入钻研本职业务，切实做到掌握情况细、分析问题细、制定方案细、配套措施细、工作落实细。加强执行信息化系统在执行指挥中心实体化中的应用，按照执行工作各节点完成时限和要求，全流程精细化管控辖区案件办理，实现节点监控全覆盖、责任可倒查，确保案件办理规范有序。

三要强化斗争意志。敢于依法运用强制执行手段，对于恶意转移财产、规避执行、抗拒执行等行为，要挺得直腰杆、顶得住压力，该罚则罚、该拘则拘、该移送移送，用好集中搜查、集中惩戒、集中打击等措施，壮大执行声威、强化执行震慑。要勇于抵制外部干扰，对说请、“打招呼”的要坚决抵制，如实填报“三个规定”，确保守住法律底线。对于一些不良现象要敢于斗争，善于斗争，在考验挑战面前坚决当一往无前的“战士”，不能作爱惜羽毛的“绅士”。

四要推进自我革命。将“一案双查”作为贯通执行的“主线”、直插基层的“利刃”、整治顽疾的“抓手”、“四说四改”的“支撑”，摆上位置，纳入日程，深入谋划，协同推进，严肃处理消极执行、拖延执行、乱执行行为。就线索中反映出的问题、工作推进中暴露出的问题，汇总梳理理念观念、素质能力、纪律作风、制度机制方面的根源症结，将各类问题整改全部纳入领导责任、工作推进、督导检查、考核评价“四个体系”，研究有效举措，切实规范执行立案审查、规范执行事务管理、规范执行措施运用、规范执行案件裁决、规范执行案款发放、规范执行结案标准、规范执行信访办理、规范执行队伍建设，实现依法规范执行与服务大局、促进经济社会发展的有机统一。

六、执行工作现代化，必须是融入中国式现代化强化执行服务供给的现代化

人民法院执行工作看似一个个具体案件，实则关系国家安全、社会稳定、经济发展、民生福祉等方方面面。中国式现代化进程中面临的新

形势、新任务、新挑战、新风险，都会以不同形式在执行工作中有所体现。要求我们必须胸怀大局、把握大势，增强忧患意识，坚持底线思维，不断满足经济社会发展对执行工作提出的多元司法需求。

一是要胸怀“国之大者”，紧紧围绕强国建设、民族复兴履职尽责。当今，世界百年未有之大变局加速演进，国内改革发展稳定面临的各种风险挑战比以往更加严峻复杂，执行工作与维护国家安全，特别是与习近平总书记作出的东北地区国防、粮食、生态、能源、产业“五大安全”战略定位的关联更加直接、更加紧密，要求我们必须时时绷紧“执行讲政治这根弦”，肩负起以能动执行厚植党执政根基的政治责任，在办好执行“小案件”中，讲好国家的“大政治”。党的二十大报告作出全面部署，每一项都直接或间接与执行工作相关，需要执行工作提升站位，更好发挥职能作用，提供更可靠保障。

二是要强化“为民情怀”，紧紧围绕增加民生福祉输送公平正义。随着社会主要矛盾发生重大变化，人民群众对民主、法治、公平、正义、安全、环境的关切更加强烈。就司法领域而言，不仅期待公平正义，还期待公平正义看得见、摸得着、可感知，期待胜诉权益兑现得更加全面及时彻底，公平正义来得更加快捷方便。正如张军院长所说的那样，人民群众来法院“不是走程序的”，他们不关心法院办了多少案件、推进了多少改革、指标运行如何，而是关心自己的权益是否得到及时保障。这要求我们要用心、用情办好每一件民生案件，真正符合他们普遍、朴素的正义感受，体现法治的温情与关怀。这对我们司法理念、办案方式、执行管理、队伍建设等都提出了新的更高要求，要求我们站稳人民立场、守住法律底线，全面提升案件质效，加强队伍风纪建设，更好取信于民，让执行公正看得见、摸得着、可感知，不断增强人民群众执行满意度、获得感。

三是要坚持“高质量司法”，紧紧围绕振兴发展靶向服务保障高质量发展。2023年是黑龙江振兴发展和现代化强省建设的关键之年，省委着力建设质量龙江、创新龙江、开放龙江、绿色龙江、幸福龙江、勤廉龙江，大力推进科教振兴、农业振兴、产业振兴、区域振兴、生态振兴、文化振兴、民生振兴、人才振兴，这“六个强省”“八个振兴”都呼唤着加强执行服务供给，都需要强化执行力量保障，要求我们必须跳出执行看执行、站在振兴发展大局看执行，强化执行领域“人人是环境、案案是环境”意识，全面提升执行干警综合素质，坚持以执行力量助力法治化营商环境建设，把龙江大地打造成为各类市场主体的投资洼地、兴业热土。

【民事强制执行热点】

公司法修订和民事强制执行立法背景下变更追加未届缴资期限股东为被执行人规则探析

刘海伟* 张肖鹏**

2013 年公司法正式确立我国公司资本认缴制后，有关非破产①情形下股东出资应否加速到期，即公司债权人能否要求认缴但未届缴资期限的股东提前缴纳出资或就公司债务承担补充赔偿责任②，便引起理论和实务界的广泛讨论。对此问题，现行公司法未予明确规定，而对于明确规定“未履行或者未全面履行出资义务”的股东，对公司债务承担补充赔偿责任的《最高人民法院关于适用〈中华人民共和国公司法〉若干问题的规定（三）》（以下简称《公司法解释三》）第 13 条第 2 款是否适用于认缴但未届缴资期限的情形，理论界和实务界也存在较大争议。2019 年，最高人民法院出台的《全国法院民商事审判工作会议纪要》（以下简称《九民纪要》）第 6 条在承认股东期限利益的同时，规定在符合一定条件

* 最高人民法院办公厅工作人员。

** 北京市东城区人民法院立案庭（诉讼服务中心）法官助理。

① 企业破产法第 35 条规定：“人民法院受理破产申请后，债务人的出资人尚未完全履行出资义务的，管理人应当要求该出资人缴纳所认缴的出资，而不受出资期限的限制。”据此，企业破产后，出资人认缴的出资即应加速到期。对此，理论界和实务界争议不大，本文不作讨论。如无特殊说明，本文所称的加速到期，均为非破产情形下的加速到期。

② 实际上，在公司经营过程中，除公司债权人可能会主张未届缴资期限的股东提前出资外，公司也可能会提出此项主张。鉴于实践中加速到期的主张多由公司债权人提出，本文仅就此问题展开讨论。

下公司债权人可以要求未届缴资期限的股东对公司不能清偿的债务承担补充赔偿责任，意欲在审判实践中统一裁判尺度。本文关注的是，在执行程序中，如果作为被执行人的公司无力清偿债务，执行法院能否适用《九民纪要》第6条的规定变更、追加该公司未届缴资期限的股东为被执行人。对此，理论界关注较少，而执行实务界也因存在不同理解而作出了不同的裁判。在《九民纪要》第6条已经提出加速到期诉讼裁判规则，且在当前公司法修订和民事强制执行法草案公布的背景下，有必要对此问题进行系统梳理，并在有关各方共同努力下尽快达成共识，形成统一法律适用规则，依法公正保护各方当事人合法权益。

一、认缴但未届缴资期限的出资能否加速到期

股东出资能否加速到期的争论是伴随着2013年公司法修改确立的注册资本认缴制而产生的。在资本认缴制下，对于股东认缴的出资，公司章程可以约定具体的缴资期限，在约定的期限届至前，股东享有期限利益，并可以据此对抗公司要求其缴纳出资的主张。但是，由于缴资期限属于公司内部约定，股东能否以此对抗公司债权人，理论界和实务界存在不同认识，并由此形成了关于能否加速到期的不同观点。支持加速到期的观点认为，出资义务是股东的法定义务，公司章程关于缴资期限的约定仅是对股东法定义务的具体优惠安排，而这一安排只能在公司内部发生效力，不能对抗公司债权人。[①] 在资本认缴制下，《公司法解释三》第13条第2款规定的应当就公司债务承担补充赔偿责任的“未履行或者未全面履行出资义务”的股东包括未届缴资期限的股东。否认加速到期的观点认为，债权具有相对性，但一经公示即具有涉他效力。虽然股东的期限利益仅在公司与股东之间发生效力，但由于股东的出资期限属于公司应当在企业信用信息公示系统公示的事项，若公司债权人明知股东的缴资期限仍与公司进行交易，即应受股东缴资期限的制约。在缴资期

① 参见李建伟：《认缴制下股东出资责任加速到期研究》，载《人民司法·应用》2015年第9期。

限届至前未履行出资义务的，不应认定为属于《公司法解释三》第13条第2款规定的情形。[①] 折中说则认为，一般情况下不能对股东出资加速到期，但在公司经营发生严重困难、濒临破产，无法清偿公司债务时，仍严格恪守股东期限利益对公司债权人明显不公。在此情形下，应当由股东在认缴出资范围内对公司债务承担补充赔偿责任。

《九民纪要》第6条采纳了上述折中观点，认可在符合一定条件下股东出资可以加速到期。虽然该纪要并非司法解释，不能作为法律渊源在裁判文书中直接引用，但由于各级法院“可以根据《会议纪要》的相关规定进行说理”[②]，所以其在一定程度上发挥着对此问题统一裁判尺度的作用。笔者赞同《九民纪要》第6条的规定，并认为在当前许多公司设立较长缴资期限和公司偿债能力不足的背景下，在司法裁判中一定程度上承认出资加速到期，有利于形成“理性的股东认缴秩序”及“理性的公司偿债秩序”[③]，防止因公司设立过长缴资期限而产生的道德风险，确保公司注册资本认缴制在合法理性的轨道上健康有序发展。

二、执行变更、追加程序能否适用加速到期规则

《九民纪要》出台之前，对于在执行程序中能否适用加速到期规则变更、追加未届缴资期限的股东为被执行人，因在实体法律规定和诉讼程序中争议很大，且最高人民法院未予明确，各地执行裁判基本持谨慎甚至否定态度。《九民纪要》第6条在诉讼层面统一加速到期规则的认识后，执行实践中对这一问题的争论陡然增加，各地法院执行裁判也因此出现了两类截然相反的发展轨迹。

---

① 参见最高人民法院民事审判第二庭编著：《〈全国法院民商事审判工作会议纪要〉理解与适用》，人民法院出版社2019年版，第123页。

② 《最高人民法院关于印发〈全国法院民商事审判工作会议纪要〉的通知》第3条。

③ 参见蒋大兴：《论股东出资义务之“加速到期”——认可“非破产加速”之功能价值》，载《社会科学》2019年第2期。

（一）公司债权人要求股东承担补充赔偿责任的两种路径选择

公司债权人有权要求出资不足的股东承担补充赔偿责任，是《公司法解释三》第 13 条第 2 款确立的制度。依据该条规定，股东未履行或者未全面履行出资义务，公司债权人请求其在未出资本息范围内对公司债务不能清偿部分承担补充赔偿责任的，人民法院应予支持。一般来讲，公司债权人会依据该条规定通过提起诉讼的方式请求股东承担责任。但实践中，公司债权人之所以要求股东承担补充赔偿责任，往往是因为公司为被执行人的案件已经进入执行程序而公司已无财产可偿还其债务——如果公司并无不能清偿债务之虞，公司债权人也就无要求股东承担责任之必要。即在执行程序中，一方面，作为被执行人的公司已无力偿还其债务；另一方面，《公司法解释三》第 13 条第 2 款又明确规定出资不足的股东应当对公司债务不能清偿的部分承担补充赔偿责任，这便是在执行程序中变更、追加出资不足股东为被执行人的实践动因。一般认为，执行变更、追加当事人的理论基础是执行力主观范围扩张。尽管理论界对于出资不足的股东能否被执行力主观范围扩张所涵摄存在争议①，但考虑到我国不同于域外的执行体制机制以及执行工作面临的现状，最高人民法院在《关于民事执行中变更、追加当事人若干问题的规定》（以下简称《变更、追加规定》）第 17 条规定，在作为被执行人的营利法人财产不足以清偿生效法律文书确定的债务时，申请执行人可以申请变更、追加未缴纳或未足额缴纳出资的股东为被执行人并在尚未缴纳出资的范围内依法承担责任。同时，依据该司法解释第 32 条的规定，当事人对作出的变更、追加裁定或驳回申请裁定不服的，可以向执行法院提起执行异议之诉。

由此看出，对于出资不足股东对公司债务承担补充赔偿责任问题，现行司法解释为公司债权人提供了诉讼和执行两种路径选择。从二者的

① 参见陈晓彤：《〈公司法〉修改背景下执行变更追加瑕疵出资股东的制度路径》，载《经贸法律评论》2022 年第 4 期。

关系看，前者是后者的基础或者法理依据。如果实体法律未明确规定出资不足的股东负有承担补充赔偿责任之义务，则在执行程序中恐不能变更、追加该股东为被执行人，否则便有“以执代审”甚至“以执行突破审判”之嫌；后者是前者的略式审查程序，并通过执行异议之诉对双方当事人进行救济。笔者认为，《变更、追加规定》第 17 条之所以将未缴纳或未足额缴纳出资的股东作为变更、追加的第三人，主要考虑到实践中此类情形较为多见，一律将其推向诉讼会增加申请执行人的诉累，并且从操作层面来看，股东未履行或未全面履行出资义务比较容易判断，通过执行程序变更、追加并辅之执行异议之诉进行救济，不仅符合执行效率要求而且也兼顾保护了被追加股东的权益。换言之，与域外立法例相比，我国的执行变更、追加制度在努力遵循传统理论的同时，也在积极回应现实的需要，并注重对实务难题的化解和实务经验的积累。① 执行变更、追加第三人为被执行人的范围往往是司法解释制定机关基于程序与实体公正利益衡量的结果。② 因此，笔者认为，在执行变更、追加程序中能否适用加速到期规则，能否将未届缴资期限的股东纳入“未缴纳或未足额缴纳出资”的范畴，同样也应当在程序与实体公正之间进行充分的利益衡量。

（二）执行变更、追加程序适用加速到期规则的实践争议

强制执行应当以生效法律文书确定的当事人为被执行人。为此，《变更、追加规定》第 1 条明确了执行变更、追加当事人的法定原则，即非因法律明确规定，不得在执行程序中变更、追加第三人为被执行人。该原则的重要意义在于防止执行变更、追加向第三人任意扩张，“以执代审”损害第三人合法权益。具体到股东出资加速到期来讲，《九民纪要》

① 参见陈杭平：《再论执行力主观范围的扩张》，载《现代法学》2022 年第 4 期。

② 一个明显的例证是，虽然《公司法解释三》第 14 条明确规定抽逃出资的股东应当在抽逃出资本息范围内对公司债务不能清偿的部分承担补充赔偿责任，但《变更、追加规定》并未将此类情形纳入执行变更、追加程序，主要原因是，与未履行或未全面履行出资义务相比，抽逃出资的情形较为复杂，诉讼程序在认定时都力觉不逮，更遑论执行变更、追加程序了。

出台后，对于能否在执行变更、追加程序中适用《九民纪要》第 6 条的规定，形成了两种截然相反的裁判结论。否定者认为，在执行程序中变更、追加被执行人必须具有明确的法律依据，在法律规定不明确时应当作出更有利于被追加人的解释。《变更、追加规定》出台时，我国已实行公司注册资本认缴制，只要股东按照公司章程按期缴纳出资，即不属于《变更、追加规定》第 17 条规定的“未缴纳或未足额缴纳出资”的情形，执行法院不得依据该条规定变更、追加未届实缴期限的股东为被执行人。《九民纪要》是审判程序的指导意见，未经审理程序直接在执行阶段依据该纪要要求股东出资加速到期，有违审执分离基本原则。肯定者则认为，在《九民纪要》已经认可股东出资加速到期的情况下，在法律适用上执行变更、追加程序应与诉讼程序保持一致。在公司无力清偿债务濒临破产的情况下，认缴出资的股东已不具有期限利益，应当将其认定为《变更追加规定》第 17 条规定的“未缴纳或未足额缴纳出资”的股东。

在现行法律、司法解释未作出明确规定的情况下，各地法院相关的裁判结论本无对错之分。但从学术探讨的角度，笔者对于应否在执行变更、追加程序中适用加速到期持肯定意见。主要理由为：首先，如前文所述，从我国执行变更、追加制度的发展脉络来看，应否在执行程序中将某一类型的第三人变更、追加为被执行人，除了符合基本法理之外，往往是立法者基于程序与实体公正利益衡量的结果。与认定股东是否缴足已届缴资期限的出资相比，认定股东认缴的出资是否已届实缴期限更为容易，在《变更、追加规定》第 17 条已明确可以将未缴足出资的股东变更、追加为被执行人，且《九民纪要》第 6 条已承认出资加速到期的情况下，没有理由将加速到期规则排除在执行变更、追加程序之外。其次，《九民纪要》第 6 条规定的未届缴资期限的股东系对“公司不能清偿的债务承担补充赔偿责任”，一般认为，这种清偿不能的确定需要借助先诉抗辩权的手段加以认定。即公司债权人必须就公司的财产申请强制执行，在其财产确实不足以清偿时，才可以向作为补充债务人股东主张权利。① 显然，在这一方面执行法院更有发言权，更容易判断公司是否不能清偿案涉债务。最后，笔者认为，虽然《变更、追加规定》出台时我国公司资本认缴制已实行多年，但由于《公司法解释三》在 2014 年修改时，未对其第 13 条第 2 款的“未履行或者未全面履行出资义务的股东”是否包括认缴但未届缴资期限的股东予以明确，《变更、追加规定》亦不宜在其第 17 条中对该问题亮明态度，而只是使用了“未缴纳或未足额缴纳出资的股东”这一表述。但是，在目前《九民纪要》第 6 条已经作出明确规定的情况下，有必要对《变更、追加规定》第 17 条的“未缴纳或未足额缴纳出资的股东”作扩大解释，将认缴但未届缴资期限的股东囊括在内。

三、公司法修订和民事强制执行法草案公布背景下执行程序加速到期规则的检视

从立法层面来看，在执行程序中能否变更、追加未届缴资期限的股东为被执行人并要求其对公司债务依法承担责任，一方面依赖于在实体法（公司法）上是否认可出资加速到期规则，另一方面依赖于在程序法（民事强制执行法）上应否将股东出资问题作为公司债务案件中变更、追加股东为被执行人的事由。目前，正值公司法修订和民事强制执行法草案公布之际，借此机会，笔者围绕相关条文，就这一问题谈几点认识，以供参考。

（一）关于公司法修订草案第 48 条、第 89 条

实践中，就出资加速到期问题，具体包括股东未转让和股东已转让该出资两种情形，其中后一种情形因涉及转让股东和受让股东出资责任分配问题而更为复杂。公司法修订草案用两个条文明确了相应的适用规

① 参见梁上上：《未出资股东对公司债权人的补充赔偿责任》，载《中外法学》2015 年第 3 期。

则。第48条规定："公司不能清偿到期债务，且明显缺乏清偿能力的，公司或者债权人有权要求已认缴出资但未届缴资期限的股东提前缴纳出资。"第89条规定："股东转让已认缴出资但未届缴资期限的股权的，由受让人承担缴纳该出资的义务。"修订草案正面回应了实践中此项重大争议问题并明确了具体的法律规则，殊值肯定，但有两个问题还有待商榷。

一是关于公司债权人就股东提前缴纳的出资应个别受偿还是公平受偿的问题。就出资不足股东的法律责任，《公司法解释三》第13条区分提起诉讼的不同主体，在第1款和第2款分别规定了其对公司负有补齐出资的责任和对公司债权人负有补充赔偿的责任。[①]就认缴但未届缴资期限的股东对公司债权人的法律责任，《九民纪要》第6条亦规定股东应当就公司不能清偿的债务承担补充赔偿责任。依据纪要的该条规定，公司债权人向法院提起的诉讼属于为自身利益的诉讼，所获收益归公司债权人个人，而非归公司。这与破产案件中管理人起诉未届出资期限的股东加速到期不同，也与管理人不起诉时个别债权人起诉未届缴资期限的股东不同。[②]而公司法修订草案第48条并未吸收《公司法解释三》第13条和《九民纪要》第6条的规定，未区分公司和公司债权人两类不同的权利主体，统一规定"公司或者债权人有权要求已认缴出资但未届缴资期限的股东提前缴纳出资"。即依照修订草案第48条的规定，公司债权人不能向未届缴资期限的股东主张补充赔偿责任，而只能要求该股东提前缴纳出资，股东提前缴纳的出资归入公司并由全体债权人受偿。对此，笔者认为，虽然在公司明显缺乏清偿能力的情况下，股东提前缴纳的出资用于清偿全体债权人有利于公平保障各方权益。但是，正如有观点指出的，股东出资加速到期无非是股东承担出资不足补充赔偿责任的一种特殊情

① 关于股东对公司债权人承担该责任的理论基础，学理上有第三侵害债权说、担保责任说、法定债务说、债权人代位权说等。其中，第三人侵害债权说和债权人代位权说被最高人民法院采纳，成为《公司法解释三》第13条的理论基础。详见最高人民法院民事审判第二庭编著：《最高人民法院关于公司法解释（三）、清算纪要理解与适用》，人民法院出版社2014年版。

② 参见最高人民法院民事审判第二庭编：《〈全国法院民商事审判工作会议纪要〉理解与适用》，人民法院出版社2019年版，第127页。

形，即使是缴资期限届至，股东向主张其承担出资不足责任的公司债权人进行个别清偿，也同样面临着不能公平保障所有债权人的问题，故无实质理由加以区别。其他债权人能否公平受偿，主动权掌握在其他债权人手里——其可以申请公司破产并将加速到期的出资归入公司破产财产。如果公司债权人在诉讼中的利益归入公司并由全体债权人受偿，其主张出资加速到期的动力明显不足，况且，只有支持诉讼中的公司债权人个别清偿，才能促使其他债权人及时申请明显缺乏清偿能力的公司破产。① 对此，笔者深以为然。除此之外，如果在立法上不承认未届缴资期限的股东对公司债权人承担补充赔偿责任而仅负有向公司提前缴纳出资的责任，那么在执行程序中变更、追加该股东为被执行人可能会丧失其法律基础。因为在此情形下，股东提前缴纳的出资应当归入公司而非公司债权人，公司债权人只能请求法院强制执行作为公司财产（或者作为公司对股东的到期债权）的该部分出资，而无法直接变更、追加该股东为被执行人。

鉴于上述理由，笔者建议公司法修订草案第 48 条应当分别规定未届缴资期限股东对公司和公司债权人的法律责任，明确公司有权要求已认缴出资但未届缴资期限的股东提前缴纳出资，公司债权人有权要求该股东就公司不能清偿的债务提前承担出资不足的补充赔偿责任。

二是关于出让股东和受让股东对公司债权人的责任问题。对此问题，理论和实践中争议很大，主要包括以下几种观点：第一，出让人免责说。该观点认为，股东对认缴但未届缴资期限的出资享有期限利益，股权转让得到公司的认可即可视为债权债务的概括移转。该股权转让后出让股东即退出出资关系，受让股东替代出让股东承担出资义务，股东缴纳出资的责任并未因股权转让而落空。股权转让是股东退出公司的基本途径，如要求出让股东仍承担出资责任，相当于剥夺了出让股东退出公司的权利，限制了股权的流转，不利于股权投资市场繁荣和公司健康有序发展。

---

① 参见刘贵祥：《从公司诉讼视角对公司法修改的几点思考》，载《中国政法大学学报》2022 年第 5 期。

即使公司债务形成于股权转让之前，也不应追究出让股东的法律责任，除非有证据证明其系恶意转让以逃避出资义务。① 第二，出让人担责说。该观点认为，公司法第 3 条规定，股东以其认缴的出资额对公司承担责任。股权转让是一个涉及公司、股东以及公司债权人利益的组织法问题，出资义务是股东的法定义务和恒定义务，不应因股权转让而免除。免除出让股东的出资义务而让受让股东承担，如果受让股东出资能力不足，将损害公司、其他股东和公司债权人的利益。② 第三，出让人和受让人共同担责说。该观点认为，由于股东的出资义务不仅涉及公司利益，而且还涉及公司债权人的利益，因此，不能认为仅需公司同意，出让股东即可将出资义务转让给受让股东。也就是说，即使公司同意股权转让，亦不能得出出让股东不再承担出资义务的结论。至于受让股东，因其在接受此类股权时，必然知道或者应当知道出让股东存在已认缴但未实缴出资的情形，根据法定债务加入的法理，也应认为其对出让股东的出资义务须承担连带责任。③

笔者认为，讨论未届缴资期限股东转让股权后出资义务承担问题，应当在“两个区分”的语境下进行考虑。一是区分股东对公司的责任和对公司债权人的责任。对于前者而言，笔者赞同出让人免责说的观点，主要理由在于，股东对认缴但未届缴资期限的出资享有期限利益，公司法并未禁止股东转让该类股权。对于符合公司章程和保障股东优先购买权的股权转让行为，应当视为得到公司认可。股权转让后，出让股东对公司的出资义务也因此得以免除，出资义务应由受让股东承担。公司其他股东如认为受让股东出资能力不足，可以行使优先购买权阻止该股东加入，或者在该股东加入且其未按期缴纳出资后依据相关规定限制其股

---

① 参见刘敏：《论未实缴出资股权转让后的出资责任》，载《法商研究》2019 年第 6 期。

② 参见李志刚等：《认缴资本制语境下的股权转让与出资责任》，载《人民司法·应用》2017 年第 13 期。

③ 参见刘贵祥：《从公司诉讼视角对公司法修改的几点思考》，载《中国政法大学学报》2022 年第 5 期。

东权利①直至促使其失权。② 对于后者而言，笔者赞同出让人和受让人共同担责说。同时，为保持权利和义务相一致，在此情况下，应先由现股东（即受让股东）对公司债权人承担责任，并由出让股东就受让股东不能清偿的部分承担补充责任。二是区分股权转让发生在公司债务形成的前后。如果股权转让发生在公司债务形成之前，因债务形成时出让股东已将股权转让，公司债权人未对出让股东的出资能力形成信赖或期待，其只能向受让股东主张相应权利。如果股权转让发生在公司债务形成之后，则可适用上述出让人和受让人共同担责说，先由受让股东承担责任，再由出让股东承担补充责任。

（二）关于民事强制执行法草案第 19 条

民事强制执行法草案在起草过程中，就应否沿用《变更、追加规定》第 17 条至第 19 条的规定，在执行程序中变更、追加出资不足的股东为被执行人，存在争议。一种意见认为，执行中变更、追加当事人的范围限于执行依据执行力主观范围的扩张，出资不足的股东已超越传统意义上执行力主观范围扩张的射程，变更、追加该股东为被执行人有“以执代审”之嫌，此种情形完全可以通过普通诉讼程序解决。另一种意见认为，我国的执行体制、机制和法律规则设计不同于域外，不宜照搬国外的相关规定。变更、追加出资不足股东为被执行人在我国已运行多年，且积累了丰富的实践经验。通过执行程序变更、追加和诉讼程序进行救济的方式，能够兼顾提高执行效率和保障实体公正，是经过实践检验的十分有益的制度设计，不宜在立法中予以废止。

---

① 《公司法解释三》（2020 年修正）第 16 条规定：“股东未履行或者未全面履行出资义务或者抽逃出资，公司根据公司章程或者股东会决议对其利润分配请求权、新股优先认购权、剩余财产分配请求权等股东权利作出相应的合理限制，该股东请求认定该限制无效的，人民法院不予支持。”

② 公司法修订草案第 46 条规定：“……公司依照前款规定催缴出资，可以载明缴纳出资的宽限期；宽限期自公司发出出资催缴书之日起，不得少于六十日。宽限期届满，股东仍未缴纳出资的，公司可以向该股东发出失权通知，通知应当以书面形式发出，自通知发出之日起，该股东丧失其未缴纳出资的股权。依照前款规定丧失的股权，公司应当在六个月内依法转让，或者相应减少注册资本并注销该股权。”

民事强制执行法草案最终采纳了第二种意见，并在第 19 条第 2 款规定“法人财产不足以清偿债务时依法对该债务承担清偿责任的出资人”可以被变更、追加为被执行人。对于民事强制执行法草案的该款规定，笔者表示赞同。同时，笔者认为，该款规定的“依法对该债务承担清偿责任的出资人”应当既包括已届缴资期限但未依法缴足出资的股东，也包括未届缴资期限但依法应当提前缴纳出资的股东。主要理由简要概括为以下几个：一是具有理论基础。关于作为执行变更、追加当事人制度理论基础的执行力主观范围扩张，我国通说采执行力与既判力主观范围不同论，认为执行力主观范围的扩张不以既判力主观范围的扩张为限。除当事人的继受人、为当事人利益占有标的物的人等因受既判力主观范围扩张而可以被追加为被执行人外，基于效率与公正的利益衡量，出资不足的股东（包括已届和未届缴资期限）也可因执行力主观范围扩张而被追加为公司债务的被执行人。有些学者将此类情形的扩张称之为执行力主观范围的“政策性扩张”① 或者“责任型扩张”②，其正当性来自实体法的规定，其妥适性来自该事项适合通过内嵌于强制执行的略式程序进行审查判断。二是具有实体法依据。关于出资加速到期问题，已被公司法修订草案第 48 条所认可，并作为此次公司法修改的亮点予以推介。鉴于目前公司资本认缴制存在的问题，该条规定被正式写入立法的可能性极大。三是基于实践需要。在当前市场主体诚信意识仍有不足的背景下，在执行程序中适用加速到期规则变更、追加未届缴资期限的股东为被执行人，有利于防止股东通过设置过长缴资期限规避出资义务，也有利于向股东施加压力，并通过股东敦促一些转移财产逃避执行的公司尽快清偿执行债务。③

---

① 刘书星：《我国执行力扩张制度研究》，载《法学杂志》2015 年第 7 期。

② 陈航平：《再论执行力主观范围的扩张》，载《现代法学》2022 年第 4 期。

③ 参见蒋大兴：《论股东出资义务之“加速到期”——认可“非破产加速”之功能价值》，载《社会科学》2019 年第 2 期。

【执行热点前沿】

“与个人破产制度功能相当试点工作”实践中若干问题的思考

朱 嵘[*] 陈 荃[**]

经最高人民法院批准，江苏法院在全国率先开展“与个人破产制度功能相当的试点工作”（以下简称类个人破产制度）。2021年，江苏全省受理类个人破产案件173件，结案158件，21名债务人予以免责，一批“诚实而不幸”的债务人获得了恢复正常生产生活、重新创业的机会，取得了良好的社会反响。本文以江苏法院的司法实践为视角，围绕试点中的几个重点问题，结合社会现实状况、现有制度基础，就如何深入推进开展类个人破产制度提出建议。

一、类个人破产制度的主体条件

适用类个人破产制度的主体，原则上为“诚实而不幸”的债务人，具体而言，应当符合以下要求。

（一）身份要求

适用类个人破产制度的主体应当是有民事责任能力的自然人应无疑

* 江苏省高级人民法院执行局局长。
** 江苏省高级人民法院执行局四级高级法官。

问。然而，个体工商户是否可以成为适格主体提出申请，值得探讨。据统计，截至2021年4月底，全国登记在册的个体工商户达9586.4万户，占各类市场主体总量的2/3，但整体经营活跃度不高。2020年全国个体工商户进入和退出市场的比例是2.4∶1；2021年1—4月全国新设个体工商户605.9万户，到税务部门新办税种认定、发票领用以及纳税申报的个体工商户仅187.5万户。① 民法学理论对民事主体的认识一般是“三元论”——自然人、法人和非法人组织。② 民法典第54条规定：“自然人从事工商业经营，经依法登记，为个体工商户。个体工商户可以起字号。”该条规定于民法典总则编中“自然人”一章。《个体工商户条例》第2条规定：“有经营能力的公民，依照本条例规定经工商行政管理部门登记，从事工商业经营的，为个体工商户。”据此，个体工商户既非法人，也非非法人组织，在民事程序及实体法律上均认定其属于具有民事行为能力和民事权利能力的自然人。基于上述原因，并无赋予个体工商户作为债务人提出类个人破产制度申请的必要，可以以个体工商户业主作为适格主体提出申请。

（二）属地要求

目前，大多数省、市、自治区尚未开展类个人破产制度试点工作，各地对于该制度的接受程度有所区别，笔者认为在试点初期，对于债务人的属地范围应予以一定限制。以全国其他地区为例，《深圳经济特区个人破产条例》第2条规定：“在深圳经济特区居住，且参加深圳社会保险连续满三年的自然人因生产经营、生活消费导致丧失清偿债务能力或者资产不足以清偿全部债务的，可以依照本条例进行破产清算、重整或者和解。”《浙江法院个人债务集中清理（类个人破产）工作指引（试

① 参见《中国发布丨我国个体工商户达9586.4万户 占各类市场主体总量的三分之二》，载https：//baijiahao.baidu.com/s？id=1701420378759786026&wfr=spider&for=pc，2021年7月10日访问。

② 参见李永军：《论民法典上的“自然人”概念》，载《苏州大学学报（哲学社会科学版）》2020年第7期。

行）》第6条规定："具有浙江省户籍，在浙江省内居住并参加浙江省内社会保险或缴纳个人所得税连续满三年的自然人不能清偿到期债务，资产不足以清偿全部债务或者明显缺乏清偿能力，可以依照本指引申请开展个人债务集中清理工作。"该指引在《深圳经济特区个人破产条例》的基础上进一步限缩了适用主体范围，把具有浙江户籍作为适格债务人的必备条件。《山东省东营市中级人民法院关于个人债务清理的实施意见（试行）》第3条第1款规定："在东营市辖区居住的，资产不足以清偿全部债务或者明显缺乏清偿能力，且符合下列条件之一的自然人，可以依照本意见进行债务清理……"该意见则对于债务人的属地要求作了最宽泛的规定，仅需满足"在东营市辖区居住"这一个条件即可。笔者认为，对于债务人的属地限制应当满足两个条件：首先，防止债务人挑选法院恶意申请以逃避债务，故有必要确定连接点并作出一定限制，防止适用范围过大。其次，需要满足试点地区的实际需求。以江苏为例，由于经济较为发达，有大量外来务工人员长期在江苏就业，他们的户籍虽然不在江苏，但主要经济生活往来均在江苏辖区，对于此类人员理应给予其走出债务困境的机会。对此，笔者认为，债务人的属地要求限定为"在试点地区居住且参加试点地区社会保险连续满三年"，试点地区为市的，以市域为限，试点地区为省的，以省域为限。此外，由于案件管辖权限制，试点法院对于债务人在非试点地区的债务并无权作出免责裁定，如仅针对债务人试点地区债务免责，试点以外地区债务不免责，将导致不同地区债权人权利保护有别，有损公平正义，故须要求债务人在试点法院辖区外没有作为被告、被执行人或者被申请人的应负或者可能应负金钱给付义务的诉讼、执行、仲裁、公证债权案件。

（三）履行能力要求

企业破产法第2条第1款规定："企业法人不能清偿到期债务，并且资产不足以清偿全部债务或者明显缺乏清偿能力的，依照本法规定清理债务。"与之相比照，个人破产也应符合"资产不足以清偿全部债务或者明显缺乏清偿能力”的履行能力要求。美国破产法引入“收入测试程序”来对债务人的偿付能力进行评估，如果债务人当前的月收入减去必要支出再乘以 60（即五年的余额总和）大于无担保债务的 25%或 6000 美元（以较大者为准），或者大于 1 万美元，则将其排除在清算程序之外。[①] 试点中大部分类个人破产案件均由执行案件转化而成，对债务人履行能力的判断较企业破产更为简便直接，笔者认为，根据《最高人民法院关于适用〈中华人民共和国企业破产法〉若干问题的规定（一）》第 4 条第 3 项规定，“经人民法院强制执行，无法清偿债务”的，即可认为债务人明显缺乏债务履行能力予以立案审查。

（四）道德品行要求

道德品行要求的核心是债务人应当遵循诚信原则，诚信原则是民法中的“帝王条款”，债务人遵守诚信原则是债务能够获得免责的基本前提。个人破产制度的本质在于保护“诚实而不幸”的债务人，给予其经济重生的机会，平衡债权人与债务人之间的利益，维护经济发展与社会稳定。具体而言，从形成破产债务的时间节点上来区分，一方面，破产债务非因故意违法犯罪、赌博、挥霍消费等不良行为产生，此亦符合“非正当债务不得通过破产得到豁免”[②] 的各国通行做法；另一方面，债务人不存在有履行能力而拒不履行生效法律文书确定义务等情形，即债务人主观上须有积极履行债务的意思，其无法清偿债务非主观不为，而属客观不能，客观上亦不存在逃避债务、规避履行的行为。

（五）债务性质要求

笔者认为，申请类个人破产债务人的债务应当已经取得执行依据。一方面，债务人没有未决案件，正在诉讼等程序中的案件必须在签订债

---

① 参见［美］查尔斯·J. 泰步：《美国破产法新论》（下册），韩长印、何欢、王之洲译，中国政法大学出版社 2017 年版，第 1328～1329 页。

② 王东敏、翟雨桐：《落实个人破产制度还要走多远》，载《人民司法》2021 年第 20 期。

务清偿和解协议前作出生效法律文书；另一方面，债务人没有其他较大债务可能进入诉讼、执行、仲裁、公证债权等程序。主要基于以下两个理由：第一，未决债权难以导入诉讼程序进行实体审查。在企业破产司法实践中，对于未决债权的认定亦是难点之一。企业破产法赋予了债务人与债权人对债权登记表记载的债权不服，向人民法院提出派生诉讼的权利，即可以通过诉讼程序对债权的真实性进行审查。但在类个人破产程序中，如果债务人存在未决债权，由于没有上位法依据，债权人无法提起派生诉讼，由法院对未决债权进行实体审查，同时对未决债权的异议也会极大阻碍程序进程。第二，防止虚假债权。由于无法对未决债权予以实体审查，对于其中的虚假债权难以有效甄别，虚假债权涌入后将“稀释”真实债权，损害真实债权人的合法权益造成不良社会影响，有损试点工作实际效果。

二、破产管理人选任

破产管理人作为企业破产程序中重要机构之一，是我国企业破产法走向规范化、市场化、国际化的一项重大制度改革与创新，在实际运行中也取得了良好的效果。在类个人破产程序中，亦需要有破产管理人承担接管债务人财产及相关资料、调查债务人财产状况、管理和处分债务人财产、协商债务人并提出债务清偿和解方案、监督债务人履行债务清偿和解协议与免责考察期内的行为、提请终结类个人破产程序等职责。破产管理人在类个人破产程序中发挥的作用比企业破产有过之而无不及，在类个人破产程序中引入破产管理人已成共识。笔者认为，在破产管理人选任方面，有以下几个问题值得研究。

（一）企业破产与类个人破产选任同一管理人

债务人以个人名义借款实际用于公司经营或者为公司债务提供担保，该公司已经进入破产程序的，可以由企业破产管理人担任类个人破产管理人。基于以下几点理由：第一，此种情况下，个人债务与企业债务高度重合，企业破产管理人对企业债务及财产状况了解全面，兼任类个人破产管理人可以避免重复劳动，提高工作效率。第二，企业欠债往往是引起个人破产的重要原因，在企业破产过程中如能通过和解、重整等方式对债务作出统一安排，有利于类个人破产程序的一体推进。第三，在企业与个人均资不抵债的情况下，由于企业破产有明确的法律依据及较为成熟的操作流程，往往企业破产程序先行。企业财产与债务人个人财产存在混同可能，企业破产清算后，有的案件个人名下几无产可破，个人破产管理人费用陷入难以支付窘境。选任同一管理人，有利于解决类个人破产管理人费用问题。第四，同一破产管理人对于企业将财产转移至法定代表人或实际控制人名下的情形更易于甄别，有利于打击逃废债。

（二）探索引入公职破产管理人

前期试点实践中发现，类个人破产与企业破产不同，部分案件债权人少、可处置财产少、操作程序简单，有的案件债务人财产甚至不够支付破产管理人费用。对于此类案件，专门指定律师等常规破产管理人的必要性大打折扣。有学者认为，对于破产管理人的选任可以进一步拓宽思路，除了律师等人员以外，还可以增加有能力担任破产管理人的其他个人或组织。① 我国香港特别行政区即由破产管理署负责破产管理人工作，以个人破产为例，署长在法院作出破产令后担任暂行受托人，破产管理署的工作人员参与完成相关工作，后续视情由署长担任受托人，或者委任一名或多名受托人。② 与《深圳经济特区个人破产条例》相配套，深圳专门设立了破产事务管理部门，将破产程序中的行政事务与裁判权相分离，使法院更专注于裁判，保证程序的公正性、权威性和公益性，相关行政事务由破产事务管理部门与破产管理人共同承担。对于其他地区，由于缺乏特殊授权，无法比照深圳设置专门行政机构，但是相关理

① 参见殷慧芬：《自然人破产程序中管理人的履职困境及其纾解》，载《东方论坛》2021年第6期。

② 参见贺丹：《论个人破产中的行政介入》，载微信公众号“破产法快讯”2021年10月20日，首发于《经贸法律评论》2020年第5期。

念可资借鉴，即引入公职破产管理人参与个人破产案件，提高破产效率，降低破产成本。对于经济条件较好地区，可以由司法行政部门外聘专职公职破产管理人，① 集成化、系统化办理个人破产案件，既提高案件办理效率，又减少费用支出。不具备外聘公职管理人条件的地区，可以尝试由执行案件承办人承担破产管理人职能，但此类案件必须同时符合以下条件：一是案情简单；二是案件标的额较小，即债务人债务较少；三是债务人的可处置财产较少；四是无须管理人代表债务人参加诉讼等其他法律程序。

（三）探索网格员承担部分管理人职能

作为社会管理新模式，网格员在社会综合治理、日常管理方面发挥了重要作用。网格员具有人头熟、地头熟的独特优势，对网格区域内的居民有更密切的接触与更深入的了解，在“基本解决执行难”过程中，部分法院积极探索依托网格化服务管理中心，将协助执行工作纳入网格化社会治理内容，建立了网格员协助送达、查找当事人、协查财产线索、督促履行等工作机制，取得了良好效果。在此基础上，可以发挥执行网络优势，在类个人破产制度中，赋予网格员承担部分调查监督债务人的职能：一是调查债务人日常基本生活情况；二是监督债务人是否存在转移财产、恶意逃避债务、虚假陈述、提供虚假证据等不诚信行为；三是监督债务人履行债务清偿和解协议以及免责考察期内的行为。

三、债权人会议相关问题

债权人会议是债权人参加破产程序进行权利自治的破产议事机构，在破产程序中起着十分重要的作用。

---

① 2020年4月，温州市人民政府和温州市中级人民法院联合印发《在个人债务集中清理工作中探索建立公职管理人制度的府院联席会议纪要》，探索行政机关介入破产程序，建立了破产案件公职管理人制度。

（一）债权人会议表决规则

债权人会议表决规则是破产程序中的重要规则，企业破产法第64条规定："债权人会议的决议，由出席会议的有表决权的债权人过半数通过，并且其所代表的债权额占无财产担保债权总额的二分之一以上……"第65条第1款规定："本法第六十一条第一款第八项、第九项所列事项，经债权人会议表决未通过的，由人民法院裁定。"为了有效推进破产进程，企业破产法既规定了债权人会议的表决规则，又赋予了人民法院在破产程序陷入僵局情况下直接裁定的权利。由于没有上位法依据，类个人破产程序中债权人表决无法像企业破产程序中一样可以由法院强裁，必须基于债权人的意思自治，并且需要所有债权人达成一致意见。债权人会议需要表决事项众多，如果任何事项均须债权人一致同意，将严重影响程序的运行效率及实际效果。前期试点中，无锡锡山法院等法院探索形成双重表决规则值得借鉴。所谓双重表决规则，是指先由全体债权人就债权人会议表决规则达成一致意见，再根据达成一致意见的表决规则对各具体事项进行表决。具体而言，在第一次表决时，对债权人人数和债权额占无财产担保债权总额均可作出明确约定，既可以是过半数通过，也可以是2/3以上通过，但必须是所有债权人一致同意，以充分体现债权人意思自治。在第二次表决时，即以第一次表决时确立的规则为表决依据，无须全部债权人一致同意，以增加表决通过的概率，有效推进类个人破产进程。有观点认为，二次表决权仅能在初次适用时有效，当事人了解其真正含义后，实际适用效果将大打折扣。经过试点实践，该观点并不成立。以金融机构为例，债务清偿和解协议中的实际清偿率远低于实际债权本金与利息，表决同意债务清偿和解协议实质就是放弃部分债权，由于金融机构内部机制限制，金融债权人往往无法作出放弃债权的意思表示，因此，有金融债权人的类个人破产程序往往难以推进。适用双重表决规则后，金融债权人的两次表决均不会构成直接放弃债权的意思表示，即使最终结果为金融债权未完全清偿，也非金融机构主动放弃而造成，减少了金融债权人的顾虑，有利于一大批案件实质推进。

（二）豁免财产清单

豁免财产清单旨在在保护债务人权利与维护债权人利益之间作出衡平。有学者指出，破产法的卓越目标就是给债务人提供经济上的全新开始，但只有债务人被许可保留其部分原有财产时，全新的开始才具有较强的意义。[①]《最高人民法院关于人民法院民事执行中查封、扣押、冻结财产的规定》第 3 条规定了人民法院在执行程序中对被执行人的部分财产不得查封、扣押、冻结，该条规定的财产在类个人破产程序中均应纳入豁免财产清单应无争议。笔者认为，除此之外，应赋予债权人会议额外确定豁免财产的权利。类个人破产制度的意义之一便在于给“诚实而不幸”的债务人东山再起的机会，豁免财产如果仅局限于《最高人民法院关于人民法院民事执行中查封、扣押、冻结财产的规定》第 3 条的规定，仅能保障债务人的基本生存，不足以促使其创造更多价值积极履行债务，因此，适度扩大豁免财产范围十分有必要。至于豁免财产的具体范围，应当充分尊重债权人意思自治，通过表决规则来确定。

（三）债权人会议事项异议的救济

破产管理人通常于债权人会议告知以下事项：（1）债务人财务状况报告；（2）债务人保留的豁免财产清单；（3）债务人财产的管理方案；（4）债务人财产变价方案；（5）债务人财产分配方案。笔者认为，债权人对上述事项提出异议的，应当适用不同救济途径。第一，债权人对债务人财务状况报告、财产管理方案及财产变价方案不服的，破产管理人应当对报告或方案作出情况予以说明，债权人的异议确能成立的，破产管理人应当予以修正。理由为上述事项的评价标准相对客观，处理方式区别不大。经试点实践，债权人往往对上述事项争议不大，即使有疑问，

---

① 参见［美］大卫·G. 爱波斯坦等：《美国破产法》，韩长印等译，中国政法大学出版社 2003 年版，第 590 页。

经破产管理人释明，也基本能达成一致意见。故针对此异议，以沟通释明为主，确有错误的，予以纠正。第二，债权人对债务人财产的分配方案不服，参照《最高人民法院关于适用〈中华人民共和国民事诉讼法〉的解释》关于参与分配方案异议的救济途径救济。无论是执行程序还是破产程序，债权人分配获得价款均是其核心诉求，分配方案作为债权人核心诉求的载体，事关债权人的根本利益，在类个人破产制度欠缺上位法依据的情况下，价款分配环节本就是参照执行程序中的参与分配制度构建，因此按照《最高人民法院关于适用〈中华人民共和国民事诉讼法〉的解释》的法定程序予以救济，更有利于债权人权利的保护。具体而言，债权人或者债务人对分配方案提出书面异议的，破产管理人应当通知未提出异议的债权人和债务人。未提出异议的债权人、债务人自收到通知之日起十五日内未提出反对意见的，破产管理人依异议人的意见对分配方案审查修正后进行分配；提出反对意见的，应当通知异议人。异议人可以自收到通知之日起十五日内，以提出反对意见的债权人、债务人为被告，向法院提起诉讼；异议人逾期未提起诉讼的，按照原分配方案进行分配。

四、债务人免责程序中相关问题

与企业破产不同，个人破产程序终结后，债务人主体资格存续，因此需要有制度保障其生存发展，破产免责制度应运而生。

（一）债务人免责应当符合的基本条件

有的试点地区将类个人债务破产程序比照企业破产，细分为清算、和解与重整三个子程序，笔者从简化程序、提高效率的角度考量，以结果为导向，将符合免责条件的债务人分成三类：一是债务人的债务清偿和解协议履行完毕的；二是债务人财产已分配完毕，又无收入来源，或者虽有收入来源但维持其本人及扶养家庭成员基本生活后无剩余的；三是债务人无财产可供执行，且无预期收入或者预期收入不足以维持其基本生活的。符合三种情形之一的债务人即有权申请免责。

（二）债务人免责不得违反相应义务

在类个人破产制度的不同阶段，债务人至少应当履行四个方面的义务：第一，在提出申请时，应如实、完整地提供申请材料；第二，人民法院受理类个人破产申请后，债务人应当履行妥善保管其占有和管理的财产以及相关资料、按规定报告财产情况、列席债权人会议并如实回答债权人的询问、及时报告个人通讯方式和住所地变化情况等义务，且不得对个别债权人的债务予以清偿；第三，履行债务清偿和解协议；第四，在免责考察期内，债务人不得有高消费行为，并应当定期向破产管理人报告个人收入、开支、财产等情况。总而言之，债务人应当符合诚实、积极、勤勉的要求。债务人违反任意上述义务的，均不应予以免责。免责考察期间或者免责考察期届满后一定时期内，发现债务人存在虚假申报等情形的，法院应当撤销债务免除裁定，债务人继续清偿原债务。

（三）债务人不可免除的债务问题

企业破产后债务人主体灭失，故对企业而言不存在不得免除的债务问题。但个人破产与之不同，自然人即使通过破产程序免除债务，但仍然作为民事主体存在，不会像企业破产一样随着破产程序的终结主体身份一并终结，因而对于自然人的债务免除需要根据债务性质作出反向限制，即规定有些特殊的债务不得免除。笔者认为至少以下几类债务不得免除：一是债权人为国家的债务，包括欠缴税款、罚金等。在类个人破产制度中，国家作为债权人无法作出同意债务免除的意思表示，同时由于缺乏上位法的依据，法院不得直接裁定免除，故此类债权仍然需要债务人清偿。二是涉及债权人基本生活保障的债权，包括履行法定抚养、扶养、赡养义务的费用以及因故意侵权产生的人身损害赔偿费用。这里需要强调的是对侵权行为限定于故意侵权范畴。有些道路交通损害赔偿案件的债务人积极履行债务，但因履行能力有限，征得债权人同意后适用类个人破产制度免除了债务，其中也包含人身损害赔偿，但此类案件中债务人的主观方面为过失，故不受此限制。三是对债权人采取的程序补救措施，即因不可归责于债权人的事由导致该债权人未申报债权，被执行人对该债权清偿数额未达到已申报债权受偿比例的部分不得免除。

结语

结合江苏法院司法实践，本文对于推进类个人破产制度形成了以下几方面意见，以期对深入开展类个人破产制度试点工作，推进我国个人破产立法起到积极作用：一是破产主体应当符合身份、属地、履行能力、道德品行、债务性质等五方面要求，尤其是在试点初期，应当从严审查破产债权真实性条件，防止逃废债，影响试点效果；二是类个人破产制度应当引入破产管理人，并在兼任企业与个人破产管理人、公职破产管理人以及网格员破产管理人等方面开展探索尝试；三是完善债权人会议双重表决规则，适度扩大豁免财产清单范围，区分债权人会议事项异议救济途径，以期发挥债权人会议更大作用；四是细化债务人免责条件，规制债务人义务群，反向规定债务人不可免除债务，进一步完善债务人免责程序。

追加违法减资股东为被执行人的理据分析

迟红宁* 赵 琛**

一、违法减资追加被执行人的法律适用之困

（一）案情简介

A公司成立于2009年，实缴注册资本100万元，股东为甲、乙。B公司于2016年4月28日与A公司签订架业分包合同，约定由B公司自2016年5月28日开始向A公司提供租赁物，款项支付依照发包方C公司向A公司支付的时间和数额按比例确定。[①] 2016年12月6日，A公司的发包方C公司向A公司支付第一笔款项8万元，同年12月8日，A公司向B公司支付2万元。2017年3月8日，A公司增资至1000万元，认缴期限为2027年12月15日。2017年5月，工程陆续完工，租赁物被拆除后，C公司向A公司支付5万元。9月16日，C公司与A公司结算总工程款数额为122万元。B公司于同年10月8日将A公司、丙[②]以及C公司起诉至法院，一审审理期间，A公司于11月1日决定减资至100万元，并于同年12月27日发布减资公告，于2018年3月27日完成减资登记，

* 江苏省南京市中级人民法院审判委员会专职委员，执行裁判庭庭长。
** 江苏省南京市中级人民法院执行裁判庭法官助理。

① C公司与A公司约定："每年年底付至完成工程量的50%，竣工验收后余款分三年同比付清。"

② 丙系A公司施工现场负责人。

并在《债务清偿说明》中表示已通知所有债权人。2018 年 12 月 24 日，一审判决丙承担还款责任，A 公司承担连带责任，二审维持原判。执行中，执行法院作出裁定，追加 A 公司股东甲、乙为被执行人，在违法减资范围内担责。甲、乙不服，提起追加被执行人异议之诉，一审认为违法减资对债权人的损害与违法抽逃出资对债权人利益的影响在本质、后果上并无不同，可以参照债权人请求抽逃出资的股东在抽逃出资本息范围内对公司债务不能清偿的部分承担补充赔偿责任的规定予以处理，遂驳回甲、乙诉讼请求。二审法院认为追加被执行人必须有明确法律依据，A 公司虽违法减资但并未减损其责任财产，甲、乙并未利用减资抽逃出资，因而违法减资行为并不构成《最高人民法院关于民事执行中变更、追加当事人若干问题的规定》（以下简称《变更追加规定》）中规定的法定追加事由，因此撤销一审判决，改判不予追加甲、乙为被执行人。

（二）问题概括

本案系不服追加被执行人裁定引发的追加、变更被执行人异议之诉，申请执行人以 A 公司股东违法减资为由依照《变更追加规定》第 18 条申请追加甲、乙为被执行人。本案的实质问题是违法减资能否被评价为抽逃出资的一种方式。抽逃出资的实质是减损公司责任财产，使得公司偿债能力降低。不同类型的减资对是否减损公司责任财产、降低公司偿债能力的影响不同。如何准确界定公司责任财产的范围以及如何认识认缴未实缴出资的性质影响到不同观点的证成。有观点认为，需从信赖利益的角度检视申请执行人权益保护的问题，由此角度衍生出增资时间与债务形成时间的比对，也即考虑增资时间早于或者晚于债务形成时间所带来不同的信赖利益影响，比较追加、变更被执行人异议之诉与另行诉讼的诉讼成本和效率，并最终落实到论证违法减资行为能否归入《变更追加规定》中规定的追加被执行人情形。本文拟对该问题进行分析并提出法律适用方面的具体建议。

二、违法减资行为与抽逃出资行为的同质性

（一）违法减资行为

减资指公司依法削减注册资本的法律行为。公司法第 43 条第 2 款、第 103 条第 2 款以及第 177 条规定了公司减资的程序，[①] 即由股东会（股东大会）作出减资决议，编制资产负债表及财产清单，通知债权人并公告，债权人有权要求公司在法定期限内清偿债务或者提供相应的担保。当事人违反上述规定即构成违法减资。值得注意的是，2021 年 12 月 24 日，公司法修订草案公开征求意见，拟对减资规定修改一条增加两条。修改之处是将变更公告方式改为报纸和统一的企业信息公示系统并行。增加的两条为第 221 条（简易减资）和第 222 条，后者规定，违反公司法规定减少注册资本的，股东应当退还其收到的资金并加算银行同期存款利息；给公司造成损失的，股东及负有责任的董事、监事、高级管理人员应当承担赔偿责任。这两条实则默认股东在收到资金的情况下，应退还资金并计算利息，对公司造成损失的应当承担赔偿责任。“给公司造成损失”的前提是违法减资，但如何界定“给公司造成损失”仍不明确，同时亦未明确对违法减资给债权人造成损失情况下的责任承担。

在公司法理论上，按照净资产是否减少可以将减资行为分为形式减资和实质减资。[②] 前者往往旨在弥补企业亏损，使公司的注册资本能够反映公司真实的净资产水平。所采用的方式一般是注销部分股份，只减少

---

① 公司法第 43 条第 2 款规定：“股东会会议作出修改公司章程、增加或者减少注册资本的决议，以及公司合并、分立、解散或者变更公司形式的决议，必须经代表三分之二以上表决权的股东通过。”第 103 条第 2 款规定：“股东大会作出决议，必须经出席会议的股东所持表决权过半数通过。但是，股东大会作出修改公司章程、增加或者减少注册资本的决议，以及公司合并、分立、解散或者变更公司形式的决议，必须经出席会议的股东所持表决权的三分之二以上通过。”第 177 条规定：“公司需要减少注册资本时，必须编制资产负债表及财产清单。公司应当自作出减少注册资本决议之日起十日内通知债权人，并于三十日内在报纸上公告。债权人自接到通知书之日起三十日内，未接到通知书的自公告之日起四十五日内，有权要求公司清偿债务或者提供相应的担保。”

② 参见赵旭东主编：《公司法学》，高等教育出版社 2006 年版，第 254 页。

注册资本额、不减少公司净资产、不产生资金的流动，公司责任财产并未发生变化，所以并不会降低公司的清偿能力。这种情形下，虽然公司减资存在违法性，应由相关管理机关对其实施一定的处罚，但股东并未利用公司减资程序实际抽回出资、侵犯公司财产权。至于后者，则在减少注册资本的同时减少了公司净资产，将一定金额返还给股东，这会产生公司资产情况的实际变动。实质减资在效果上使得股东优先于债权人获得保护，会降低公司的偿债能力，实质上否定了公司的独立法人资格，导致公司资本总额减少，侵害了公司债权人的利益。

在司法实践中也有相反观点认为，无论形式减资还是实质减资，公司减资对债权人的影响甚巨，公司的实质减资导致公司净资产减少，等同于股东优先于债权人回收所投入的资本；公司的形式减资即便未取回出资，但其对公司的投资性质已由股权转为债权，等同于股东可以与债权人同一顺位获得清偿，变相减少了公司对债权人的责任财产，同样降低了公司偿债能力。① 本文赞同无须区分形式减资与实质减资的实务观点，无论是实质减资还是形式减资，均会在一定程度上减损公司责任财产、降低公司偿债能力，具体理由在下文详述。此处需要强调的是，除去因分类不同而对公司偿债能力所造成的不同影响外，违法减资能够完成变更登记一般都已在形式上符合现行公司法的规定，但对于未通知债权人这一环节登记部门无从审查，某种程度上可能损害债权人的利益。现行公司法第204条规定了对违反规定不通知债权人或者发布公告的处理原则，② 但并未对此种情形下债权人损失的责任承担问题作出明确规定。

（二）抽逃出资行为

抽逃出资，是指公司股东未经合法程序取回其出资财产，但依然保

① 参见江苏省高级人民法院（2021）苏民申5976号民事裁定书。

② 公司法第204条规定："公司在合并、分立、减少注册资本或者进行清算时，不依照本法规定通知或者公告债权人的，由公司登记机关责令改正，对公司处以一万元以上十万元以下的罚款。"

留股东资格并按原有数额持有股权或股份；① 也有观点认为，“抽逃出资是指公司股东在成立时业已出资，但在公司成立后将其所认缴的出资暗中抽回的情形”②，区别在于股东抽逃出资后是否仍持有股份。多数情况下，抽逃出资之后股东依然持有股份，仍享有公司股东所享有的收益、管理等股东权利，仍受股东有限责任保护，从而使得抽逃出资成为利用出资制度损害公司利益、违反公司资本制度的一种方式。但无论股东是否仍然持有公司股份，不影响公司股东抽逃出资的归责，抽逃出资行为通过股东不合法地转移公司财产，最终侵犯的是公司责任财产，影响公司偿债能力，因而抽逃出资的前提是已实缴全部或部分出资。在公司注册资本认缴制度下，未实缴出资的情况并不存在抽逃出资的适用余地。

（三）二者的同质性

抽逃出资与违法减资从主体上看似不同，但在目的、对象、条件和后果等方面具有相似性。违法减资行为，从主体来说，表面上应系公司名义，但通常多为控股股东所为，抽逃出资主体多为股东或控股股东、潜在股东。从目的来说，违法减资系为减少公司财产，规避债权人实现债权，为控股股东谋取私利；抽逃出资是股东擅自转移公司财产，或者为逃避债务抽回出资，也是为谋取私利。从对象来说，违法减资减少的是公司注册资本，多数为公司账面财产的减少，是否构成减少公司责任财产存在观点分歧；抽逃出资则直接减少公司责任财产，直接影响公司偿债能力。从条件来说，违法减资、抽逃出资均有严格的条件限制，但二者均规避了该限制条件。从后果来说，实质减资导致减少公司资产，与抽逃出资后果相同。因此，违法减资在目的、对象、条件和后果方面均与抽逃出资具有一定程度的相似性，似可评价为抽逃出资方式之一，这也是追加违法减资股东为被执行人的法理基础。但是，对于违法减资尤其是形式减资是否减少公司责任财产，则需要进一步探讨未实缴注册

---

① 参见王军：《中国公司法》，高等教育出版社2017年版，第158页。

② 郑曙光：《股东违反出资义务违法形态与民事责任研究》，载《法学》2003年第6期。

资本是否属于公司责任财产范围的问题。

三、未实缴注册资本属于公司责任财产

（一）责任财产与注册资本

“债务人应以其财产，就其债务负责，是为责任财产。”[①] 责任财产应当包含物以及具有金钱价值的财产性权利，是指民事主体用于承担民事责任的各项财产及权利总和。原则上，债务人所有的财产都是责任财产。[②] 民事主体以责任财产为限对外承担法律责任，债权人不能要求债务人用其责任财产之外的财产偿付债务。[③] 即便是强制执行，也仅能对债务人的责任财产进行限制和处分。

2014 年以来，我国公司法开始实行较为彻底的认缴制（部分公司因其行业特殊性，仍实行实缴制）。据此，注册资本的含义为在公司登记机关登记的股份有限公司全体发起人认购的股本总额或有限责任公司全体股东认缴的出资额。为便于讨论，以下围绕有限责任公司展开论述。注册资本实质上是在登记机关登记的资金数额，它表示公司在成立时股东作出的对公司的出资承诺，既可能在公司成立之初即全部实缴，也可能在认缴到期后向公司缴足。注册资本仅从外在和形式上反映公司的资产状况，而处于不断变动状态的公司实有资产才能准确反映出公司实际清偿能力的高低。实行认缴制的公司，其注册资本只是反映了全体股东所允诺的出资金额，即愿意在出资届期时注入的资金数额，而非公司实际收到的出资金额。注册资本往往不能准确反映公司的实际财产状况和清偿能力。[④] 注册资本变动需先通过股东会决议并进行工商变更登记，相对而言比较稳定。但注册资本变动本身并不必然引发公司实际资产状况的变动，公司资产的变动受股东实际缴付资产增加以及债务情况影响。也

---

① 王泽鉴：《民法总则》，北京大学出版社 2009 年版，第 219 页。

② 参见崔建远、韩世远：《债权保障法律制度研究》，清华大学出版社 2005 年版，第 29 页。

③ 参见最高人民法院（2019）最高法民再 49 号民事判决书。

④ 参见王军：《中国公司法》，高等教育出版社 2017 年版，第 107~108 页。

就是说，注册资本额往往与公司责任财产并不等同，也未必能反映出公司偿债能力的高低，公司责任财产范围应当与债务产生时公司的实际财产状况相符。

（二）认缴未实缴注册资本的性质

我国公司法关于出资的规定经历了从实缴制到认缴制的变化，以期激活市场活力，服务实体经济发展。在实缴资本制下，“公司以其全部资产对公司的债务承担责任”，而在认缴资本制下“公司以其全部财产对公司的债务承担责任”。将“全部资产”改为“全部财产”，一字之差，含义大不相同。根据 2014 年《企业会计准则——基本准则》第 26 条至第 29 条的规定，资产=负债+所有者权益，其中，资产负债表所有者权益项下体现的是实收资本，而非认缴资本。因此，认缴而未实缴的部分不能纳入资产负债表中，也不能体现为公司的资产，① 而应当属于公司资产外的财产范畴，属于公司“全部财产”的一部分。

“公司以其全部财产对公司的债务承担责任”，此处的“全部财产”符合责任财产的定义，应认定为公司责任财产，包含物质性财产和财产性权利。一般认为，“公司的财产包括股东在公司设立时所认缴的出资”②。认缴而未实缴的注册资本，应系公司对股东的出资债权，为公司“全部财产”的一部分。实践中的裁判观点也认为，“对于实行认缴制的公司来说，股东个人尚未缴纳的注册资本，与一般的债务并无根本区别，同样可以看作是公司股东对公司所负的债务”③。还有学者从侵权法视角出发，指出股东认缴而未实缴出资实际上减少了公司责任财产。④《全国法院民商事审判工作会议纪要》（法〔2019〕254 号，以下简称《九民纪要》）第 6 条肯定股东出资期限利益，否定股东任意延长出资期限，实

① 参见钱玉林：《股东出资加速到期的理论证成》，载《法学研究》2020 年第 6 期。

② 安建主编：《中华人民共和国公司法释义》，法律出版社 2005 年版，第 22 页。

③ 参见上海市普陀区人民法院（2014）普民二（商）初字第 5182 号民事判决书。

④ 参见张磊：《认缴制下公司存续中股东出资加速到期责任研究》，载《政治与法律》2018 年第 5 期。

质认可了股东与公司之间存在出资债权债务关系，亦即认缴未实缴出资作为公司的特殊出资债权，也应作为公司全部财产（责任财产）的一部分。①

当然，也有观点认为，认缴未实缴部分资本因未到期，不属于公司责任财产的范畴，仅系股东对公司作出的到期完成出资的承诺。② 这一观点实质上混淆了出资履行期限和出资债权形成的区别。股东自认缴出资始，“公司在登记机关完成注册程序后，因为已经向社会公示了股东出资状况，股东即承担着法定的出资义务”③，自此，出资债权形成，只是在出资期限尚未届满的情况下，出资标的是抽象的价值形态的财产，当出资期限届满时，出资义务才特定化为具体形态财产的交付义务。这就意味着，股东以出资期限利益对抗公司债权人，实际上只能局限于股东履行出资契约义务的范畴，即依照公司章程规定的出资时间向公司移转出资标的财产的义务，而不能以享有出资期限利益为由，拒绝承担出资法定义务，④ 更不意味着未届出资期限情况下，认缴注册资本不属于公司债权范畴。对于实行认缴制的公司来说，股东个人尚未缴纳的注册资本，与一般的债务并无根本区别，同样可以看作是公司股东对公司所负的债务。因此，认缴未实缴的出资依然是公司财产，属公司责任财产范围。

四、保护债权人信赖利益的合理边界

“信赖利益，是指对合同或要约赋予了信赖的一方当事人所固有的，因信赖可能或已经受到损失的利益，包括财产利益和机会利益。”⑤ 本文

---

① 《九民纪要》第6条规定：“在注册资本认缴制下，股东依法享有期限利益。债权人以公司不能清偿到期债务为由，请求未届出资期限的股东在未出资范围内对公司不能清偿的债务承担补充赔偿责任的，人民法院不予支持。但是，下列情形除外：（1）公司作为被执行人的案件，人民法院穷尽执行措施无财产可供执行，已具备破产原因，但不申请破产的；（2）在公司债务产生后，公司股东（大）会决议或以其他方式延长股东出资期限的。”

② 系案件审理过程中的合议庭成员不同观点。

③ 罗培新：《论资本制度变革背景下股东出资法律制度之完善》，载《法学评论》2016年第4期。

④ 参见钱玉林：《股东出资加速到期的理论证成》，载《法学研究》2020年第6期。

⑤ 马新彦：《信赖与信赖利益考》，载《法律科学》2000年第3期。

所述信赖利益保护边界是指债权人与债务人之间债权债务关系形成之时所确定的债务人责任财产范围，以此作为衡量债务人之后公示行为（如增减资等，正常经营行为不在此列）是否影响责任财产范围的标准，此即信赖利益的保护边界。对债权人而言，其与债务人签订合同之初应在综合考虑债务人公司的资产规模、偿债能力的基础上签订合同，因而界定债权人预期公司责任财产的范畴关键在于债权债务的形成时间。关于债权债务的形成时间节点，有三种不同认识：其一，合同签订后债权债务即形成；其二，除借款合同等实践合同外，其他合同应在履行期限届满后产生债权债务，即不论约定履行顺序先后，只要履行期限未届至，即不存在债权债务；其三，需视不同合同类型而定，债权债务关系形成的前提是合同成立生效后已经实际履行，视合同类型的不同，债权债务形成时间亦不相同，如双务合同生效后，一方按约履行义务，即有权向另一方主张基于合同产生的权利，双方自合同签订并由一方按约履行时建立债权债务关系，但在履行期限届满前，债权人不得向债务人主张。

笔者认为，前两种认识中债权债务成立的时间节点有局限性。第一种认识没有考虑合同是否实际履行的问题，仅以合同签订时间作为债权债务形成时间有失严谨。第二种认识实际混淆了履行期限和债权形成时间，债权在一方按约履行时即已形成，只是在履行期间届满前债务人享有对抗债权人的权利，不能以履行期限届满界定债权债务关系形成与否，否则不利于保障债权人合法权利。第三种认识能够比较准确地识别债权债务关系的形成时间，值得采纳。债权债务关系形成时，公司责任财产应为债权人预期可得，而在此之后债务人的增资或减资行为只要没有突破债权债务关系形成时债务人的财产范围，即不损害债权人信赖利益。

股东增资或减资所产生的责任应与公司债权人基于包括公司的注册资金在内的财产对其责任能力产生的判断相对应。在本文开头的案例中，B公司与A公司订立租赁合同在前，B公司对于A公司责任能力的判断应当以其订立合同时包括注册资本（实缴额为100万元）在内的所有公司财产为依据。对B公司而言，其对A公司的信赖利益保护边界，即A

公司的责任财产范围自B公司履行租赁合同约定的义务时确定，A公司的在后增资行为是否到位、是否存在减资等与其能否偿还B公司的债务并无直接因果关系。A公司增资后的减资瑕疵，仅对在其增资后减资前与其订立合同的交易相对人承担相应的责任，B公司在A公司增资前与之交易产生的债权，不能要求此后减资瑕疵的A公司承担责任。

五、违法减资被评价为抽逃出资的合理性证成

以违法减资对债权人权益损害的效果与抽逃出资无异为由要求追加违法减资公司股东为被执行人的案件，在司法实践中有不同裁判观点。一种观点认为，违法减资行为要区分形式减资和实质减资，对实质减资，因实际减少公司责任财产、降低公司偿债能力，与抽逃出资效果相同，可认定为构成公司违法减资和股东抽逃出资的竞合，可以依据相关的法律原理和精神并参照《最高人民法院关于适用〈中华人民共和国公司法〉若干问题的规定（三）》关于“抽逃出资”的规定，对违法减资后股东应承担的民事责任作出认定，由股东在其减资范围内对公司债务承担补充赔偿责任。但对于形式减资，因不发生资金的实际流动，公司净资产未发生变化，并未损害公司责任财产，未降低公司偿债能力，因而与抽逃出资所造成后果不同，不应当追加形式减资的股东为被执行人。①

另一种观点则认为，股东未经法定程序，将认缴出资违法减少，“恶意减资逃避债务，免除了股东的出资义务，性质与抽逃出资并无不同”，因而判决追加违法减资股东为被执行人并无不当。② 例如，有判决认为，“安捷之旅自其减资且对于未清理债务作出承诺并留存工商登记机关备查时起，即负有以原公司注册资本承担公司债务的责任。一旦债权出现并确认，安捷之旅应以减资前注册资本作为责任财产承担债务清偿责任，减资前各股东应按照公司原注册资本数额承担责任，不再享有出资期限

① 参见最高人民法院（2019）最高法民再144号民事判决书。

② 参见北京市高级人民法院（2021）京民申4785号民事裁定书。

利益”。[①] 换言之，违法减资之前，股东或许对减资部分的注册资本出资享有期限利益，但违法减资的合意达成并作出未清理债务承诺之时，即丧失期限利益，应在违法减资范围内承担相应责任。还有判决认为，“虽然公司法理论上对减资有实质减资和形式减资的区分，但在我国现行的公司法中并未对此进行明确区分，而且公司减资无论是实质减资或形式减资，减资的受益人均系公司的股东，至于股东有没有从公司收回减资款，系其公司内部操作，不影响对外承担责任，股东应在减资范围内对公司欠付债权人的债务承担补充赔偿责任”。[②]

笔者认为，违法减资无须区分形式减资或是实质减资，均可评价为抽逃出资的一种方式。如前所述，“公司以其全部财产对公司的债务承担责任”，公司责任财产是包含注册资本、认缴未实缴部分注册资本以及财产性权利等在内的所有财产，并非仅指公司净资产。认缴制只是赋予了公司资本更大的弹性和机动性，给予了股东投资安排更多的灵活性，而未改变或缩小股东承担责任的范围。因此，按照是否减少净资产而对减资进行分类并无实际意义。即使在形式减资的情况下，股东并未实际取回资金、没有减少公司净资产，但使得注册资本减少，将导致公司责任财产范围缩小、公司偿债能力降低。形式减资如此，实质减资更不必赘述。因此，未履行通知义务的违法减资“违反了公司资本不变和资本维持的原则，与股东未履行出资义务及抽逃出资对于债权人利益的侵害在本质上并无不同”，[③] 而无须区分实质减资和形式减资。从文义解释来看，“抽逃出资”不会导致注册资本的减少，“违法减资”一定会减少公司注册资本，二者似乎存在字面含义的背离，但从目的解释的角度看，二者均降低公司偿债能力，减少公司责任财产，因法律禁止抽逃出资与违法减资均为防止公司责任财产减少，保护债权人利益，对发生在债权形成后的违法减资行为，与抽逃出资在性质上并无本质区别，因而可将抽逃

① 参见北京市高级人民法院（2021）京民终907号民事判决书。

② 参见河南省高级人民法院（2021）豫民申8169号民事判决书。

③ 参见最高人民法院（2017）最高法民终422号民事判决书。

出资的方式目的性扩大解释为包含违法减资。股东违法减资的合意达成并作出未清理债务承诺之时，即丧失出资期限利益，债权人申请追加违法减资的股东为被执行人，在其减资范围内对公司债务承担责任，是为执行违法减资股东尚未缴纳的出资范围内的公司责任财产，而非强制股东提前履行出资义务，① 并无不妥。

从追加法定原则的角度看，《变更追加规定》第1条明确："执行过程中，申请执行人或其继承人、权利承受人可以向人民法院申请变更、追加当事人。申请符合法定条件的，人民法院应予支持。"这一规定确立了变更、追加当事人必须始终坚持法定原则，但执行当事人的变更追加既涉及程序法也涉及实体法，理论基础为执行依据执行力主观范围的扩张，本文主要讨论能否将执行力扩张至违法减资的股东。有观点认为，近年来抽逃出资的方式日趋隐蔽，情况日趋复杂，认定比较困难，在执行程序中直接予以认定不利于充分保护各方当事人的诉讼权利。但从体系解释的角度看，《变更追加规定》依然将抽逃出资、出资不实、未出资即转让股权等实践中多发情形作为变更追加被执行人的事由之一，既有沿袭1998年《最高人民法院关于人民法院执行工作若干问题的规定（试行）》第九部分的考量，也有通过追加、变更异议之诉保障当事人权利、查明追加被执行人责任范围的论证。因而在《变更追加规定》中增加或将违法减资作为抽逃出资的一种形式追加相关股东为被执行人，具有法理依据和规范基础，是目前具有可操作性的问题解决之道。

六、结论

本文将违法减资行为类比于抽逃出资，是在比较二者的目的、对象、条件和后果的相似性的基础上提出的一种曲线解决方案。近年来通过违

① 北京市高级人民法院（2020）京民终42号民事判决书亦有类似观点："在万众公司的财产不足以清偿生效仲裁裁决所确定债务的情况下，众诚中心的出资期限虽未届满，但其作为万众公司的现任股东，有应缴而未缴纳的出资，属于未足额缴纳出资的股东，即应履行其应有义务，在未出资范围内对公司不能清偿的债务承担补充赔偿责任。因此，保盛公司请求追加众诚中心为被执行人，于法有据，本院予以支持。"

法减资行为规避执行、逃避债务的现象逐渐有蔓延趋势，从执行效率考虑，如将违法减资行为的救济路径一律设为另行诉讼，将大大降低相关案件的执行效率和效果，不利于债权人利益的及时实现。与此同时，追加、变更被执行人异议之诉的存在已然能够充分保障当事人诉讼权利。考虑到在债权形成后，股东未履行通知义务即违法减资的事实并不难判断，将违法减资与出资不实、抽逃出资等均作为执行债务人主观范围扩张的事由有其正当性与可行性。将未实缴出资确认为公司责任财产范畴并进而将违法减资评价为抽逃出资的一种形式在当前情况下能较好地保护债权人的合法权益，但终非长久之计。彻底解决违法减资情形下被执行人股东的责任承担问题仍需未来在民事强制执行法及其司法解释中作出明确规定。

不动产司法拍卖税费金承担问题探析

——以 120 份裁判文书为研究起点

陈纪豪*

一、问题的提出

2020 年 9 月国家税务总局发布的《对十三届全国人大三次会议第 8471 号建议的答复》认为，应取消不动产司法拍卖公告中由买方承担税费的转嫁条款，统一改为税费各自承担。此文件的出台，引发了不动产司法拍卖税费金承担问题的热议。

学界和实务界对不动产司法拍卖税费金的承担问题存在分歧。我国民事强制执行法（草案）对此问题未作明确规定。学界对这个问题的系统性研究寥若晨星。在仅有的研究中，有学者认为，法院在拍卖公告中，要求买受人承担所有税费及一切费用不合理，应当改为交易双方按照税法规定各自承担相应的义务。① 还有学者认为，虽然法院无权对税法规定的缴税义务主体进行变更，但拍卖公告约定被执行人所欠的历史税费由买受人缴纳，并非变更缴税义务主体，司法拍卖约定的是对拍卖成交价款的约定，属于民事法律关系。②

* 广东省江门市蓬江区人民法院执行局副局长。

① 参见莫国萍：《司法拍卖条款中“一切税费均由买受人承担”合理吗》，载《注册税务师》2019 年第 7 期。

② 参见包关云：《不动产网络司法拍卖税费承担探究》，载《财务与会计》2019 年第 8 期。

本文以裁判文书为研究起点，通过实证考察，对不动产司法拍卖税费金承担的主要实践模式进行检视和评价，并就税费金承担问题的破解提供一点思路。为便于讨论，本文的司法拍卖仅指执行程序的网络司法拍卖，不包括破产程序的司法拍卖。

二、不动产司法拍卖税费金承担问题的实证考察

实践中，各地法院对不动产司法拍卖的税费金承担问题进行了积极的探索。① 在中国裁判文书网以“拍卖税费”为关键词，在整个数据库中共搜索出 315 份裁判文书。② 其中，与本文论题有关的有 120 份。在这 120 份文书中，认为在拍卖公告可指定买受人支付一切税费金的文书有 64 份，认为买卖双方各自承担税费金，由被执行人承担的拍卖税费金从拍卖成交款中受偿的文书有 56 份。

（一）买受人支付一切税费金模式的表现形式与说理角度

在不动产司法拍卖的拍卖公告中，拍卖税费金由买受人支付的表述，主要有如下两种类型：一是标的物过户办证和移交时所涉及的相关税费，标的物所涉及的欠费和相关风险均由买受人承担；③ 二是拍卖时的起拍价、成交价均不包含买受人在拍卖标的物过户时发生的全部费用和税费。按规定应当由原产权人和买受人支付的税费包括有：办理权证过户过程中应缴纳或补缴的有关税费，可能涉及的二次过户费用，以及所涉及的一切关联费用（含原产权人、买受人应承担的综合税、增值税、契税、印花税、交易手续费、权证费、评估测绘费及可能存在的其他税费等），上述税费全部由买受人承担。④

---

① 参见陈丽萍、陈纪豪：《民事执行实务精要》，人民法院出版社 2021 年版，第 50~51 页。

② 参见中国裁判文书网，https://wenshu.court.gov.cn/website/wenshu/181217BMTKHNT2W0/index.html?pageId=f91851ab2a3a383e51010fa4e2ee9554&s21=%E6%8B%8D%E5%8D%96%E7%A8%8E%E8%B4%B9，2023 年 3 月 21 日访问。

③ 参见河北省张家口市中级人民法院（2020）冀 07 执复 129 号执行裁定书。

④ 参见浙江省杭州市中级人民法院（2018）浙 01 民终 5253 号民事判决书。

在持买受人支付一切拍卖税费金观点的64份法律文书中，有47份文书就税费金承担问题进行说理，主要有如下四种说理角度：第一是公平竞价论。司法拍卖系法院的司法行为，可由法院依照相关法律法规，确定拍卖不动产过户产生的税费由买受人承担。而拍卖标的物税费承担条款公平适用于所有竞拍人，并影响竞买成交价格。税费由买卖双方各自承担的，拍卖标的物成交价格会升高，而税费由买方承担的，拍卖标的物成交价格会降低。持这种观点的文书有5份。第二是垫付论。《最高人民法院关于网络司法拍卖若干问题的规定》（以下简称《网拍规定》）第30条规定确立了司法拍卖设定税费承担的法律规则，但税费的相关法律、法规并不排除另行约定实际承担税款主体。执行法院在拍卖公告上确定税费金承担主体，符合上述法律规定，买受人承担了应由他人承担税费金后，可向义务主体追偿。持这种观点的文书有2份。第三是接受约束论。买受人一旦作出竞买决定，即可认定其已经完全了解竞买公告、竞买须知的内容并受之约束，自愿承担按国家规定应当由原产权人缴纳的相关税费。持此观点的文书有23份。第四是合同约定论。该论断视拍卖公告为法院与买受人的约定，该约定系双方真实意思表示，属当事人意思自治范畴，亦不会造成国家税款流失，并不违反合同效力的规定，指定买受人承担拍卖税费的约定为合法有效条款。持这种观点的文书有17份。

（二）买卖双方各自承担税费金模式的表现形式与说理角度

不动产司法拍卖中，买卖双方各自承担税费金的表述，主要有两种类型：其一，标的物过户登记手续由买受人自行办理，拍卖成交后权属转移登记产生的税费依照税法应由被执行人承担的部分，由拍卖成交价款中支付；[①] 其二，本次拍卖的起拍价、成交价均不含买受人在拍卖标的物交割、过户时所发生的全部费用和税费。拍卖标的物所涉及的税费和

---

① 参见福建省莆田市中级人民法院（2020）闽03执复19号执行裁定书。

办理权证所需费用按法律规定办理，其他费用由买受人负担。①

在主张买卖双方各自承担拍卖税费金的56份法律文书中，有7份文书就税费金的承担问题进行说理，主要说理角度如下：第一，依据《网拍规定》第30条和税收法定原则，纳税义务人的身份不能因拍卖公告的载明条款而发生转移。因网络司法拍卖本身形成的税费，依规定应由买卖双方各自承担；没有规定或者规定不明的，人民法院可以根据法律原则和案件实际情况确定税费承担的相关主体、数额。持这种观点的文书有2份。第二，根据《最高人民法院关于人民法院执行工作若干问题的规定（试行）》（以下简称《执行工作规定》）第34条第2款规定，委托拍卖、组织变卖被执行人财产所发生的实际费用，从拍卖成交款中优先扣除。司法拍卖过程中产生的税款，是在执行过程中为了全体债权人的共同利益、实现产权转移应缴纳的转户税收，即为一般优先权中的共益债务的费用，应当从拍卖成交款中扣除，而非由买受人承担。持这种观点的文书有5份。

三、两种税费金承担实践模式的困境

民事执行程序追求效率价值，但必须建立在合法的基础之上。鉴于《网拍规定》第30条是处理不动产司法拍卖税费金承担问题的主要法律依据，但该规定不足以有效评价上述两种实践模式，故有必要引入税收和司法拍卖的基本原则和原理，综合考量两种实践模式的合理性。

（一）买受人支付一切税费金模式缺乏充分的说理支持

买受人支付一切税费金模式在实践中主要有合同约定论、接受约束论、公平竞价论和垫付论四种说理角度，但四种说理角度均存在不同程度的缺陷。

① 参见河北省新乐市人民法院（2018）冀0184执异67号执行裁定书。

1. 合同约定论不符合司法拍卖公法说

该种说理角度视拍卖公告为法院与买受人的约定，为当事人意思自治的结果，受民事合同规定和理论的约束，本质上属于司法拍卖私法说的范畴。但司法拍卖的性质，我国通说采取公法说。① 公法说认为，司法拍卖属于民事强制执行行为，具有公法属性，是执行程序中财产变价的一种方式，司法拍卖应当受民事诉讼法规范的调整，而非受私法的调整。② 法院在拍卖阶段与买受人达成买卖契约不影响司法拍卖的本质属性。

首先，司法拍卖公法说更符合目前的司法实践。根据拍卖法第 39 条规定，买受人悔拍的，承担违约责任，这是适用私法买卖规则的违约责任。与之对比，《最高人民法院关于人民法院民事执行中拍卖、变卖财产的规定》第 22 条规定，买受人悔拍的，法院裁定重新拍卖，并对买受人采取相应的限制措施。换言之，司法拍卖本质上仍具有公法性的特点，其采用拍卖的方式，但不完全适用一般拍卖规则，与司法拍卖私法说、折中说是有区别的。

其次，权威性和公信力是执行程序的基石，司法拍卖亦应维护司法权威和司法公信力。司法拍卖能成为民事执行制度的基本变价方式，主要是基于其不仅可维护裁判权威性和执行公信力的公共利益要求，而且还能使私人利益最大化，既最大限度实现债权人的债权，又使债务人的利益受到最低限度的损害。③ 司法拍卖借用了一般拍卖的部分规则，适用部分的契约理论，但适用拍卖规则和契约理论的前提，是不得损害司法权威和司法公信力。

据此，从司法拍卖公法说的立场，合同约定论不能给予买受人支付一切税费金模式充分的说理支持。

---

① 参见江必新、刘贵祥主编：《最高人民法院关于人民法院网络司法拍卖若干问题的规定理解与适用》，中国法制出版社 2017 年版，第 393 页。

② 参见江必新、刘贵祥主编：《最高人民法院执行最新司法解释统一理解与适用》，中国法制出版社 2016 年版，第 53 页。

③ 参见肖建国：《中国民事强制执行法专题研究》，中国法制出版社 2020 年版，第 150 页。

2. 垫付论具备一定合法性和合理性

（1）垫付拍卖产生的税款符合税收法定主义。可从税收法定原则这一切入点分析买受人垫付税款的做法。不动产的一般买卖关系中，课税义务的主体是确定的，买卖双方各负各税。卖方的税款法定由卖方承担，由法律确定其义务。而司法拍卖中，卖方的税款亦应由被执行人承担，这由税收法定原则决定，不得变更纳税主体。

然而，法律没有明文规定禁止税款垫付的行为。税法的解释与适用应当注重经济生活和经济目的的实质，避免对税法的理解过于形式。税收法定主义不仅要求以形式课税原则为基础，亦应注意与实质课税原则的协调。① 由买受人垫付应由被执行人承担的税款后，再向被执行人追偿，其本质上没有改变被执行人的纳税主体要素，这亦符合形式课税原则和实质课税原则的要求。从这个角度分析，司法拍卖公告中，指定买受人垫付交易过程中的税款后，买受人取得追偿权这一类条款是可行的。

（2）其他税费金的垫付具备法理基础。关于被执行人的历史欠税，参照上述税收法定原则来分析，被执行人的历史欠税亦可由买受人垫付，再由买受人向纳税义务主体即被执行人追偿。关于欠税所产生的滞纳金，其追缴的主要法律依据有税收征收管理法和行政强制法，上述法律规定没有对滞纳金的法律性质定性。而学界对滞纳金的法律性质亦没有达成共识。② 但无论税收征收管理法和行政强制法的规定，还是学界对滞纳金的定性，均没有禁止滞纳金的垫付行为。关于水费、电费和物业费等，依照民法典第 524 条的规定，如买受人作为第三方代被执行人履行合同，将被执行人所欠的水费、电费、物业费清偿，属于第三人单方自愿代为履行行为，买受人可向被执行人追偿。关于土地使用权出让合同的问题，学界与实务界均有较大分歧，目前主要有民事合同说和行政协议说。③ 不

---

① 参见熊伟：《重申税收法定主义》，载《法学杂志》2014 年第 2 期。

② 参见闫海、于骁骁：《论税收滞纳金的法律性质、适用情形与核定机制》，载《湖南财政经济学院学报》2011 年第 6 期。

③ 参见吴海彬：《土地使用权出让合同的性质和救济》，载《大连海事大学学报（社会科学版）》2020 年第 2 期。

论将土地使用权出让合同定性为民事合同还是行政协议，均不禁止代履行。故亦可参照其他税费金的垫付行为处理。上述税费金的垫付行为，并未违反司法拍卖公法说的要求。故垫付论可提供一定的合法性说理支持。

3. 无法回避的超级优先权问题

笔者认为，合同约定论、接受约束论和公平竞价论均存在缺陷。而垫付论更为合理，再加上该模式便于执行法院操作，可提高执行效率，故部分法院在实务中采取该模式。然而，买受人支付一切税费金模式不仅忽视税费金的充分披露问题，容易产生纠纷，而且不动产司法拍卖的税费金还演变为超级优先权。这里的超级优先权的特殊之处在于：一方面，不动产司法拍卖的税费金在优先顺位上超过执行案件中的所有债权；另一方面，不动产司法拍卖的税费金无须通过法定程序确认即可优先受偿。

第一，从优先顺位的角度分析，依照《最高人民法院关于适用〈中华人民共和国民法典〉有关担保制度的解释》第 50 条的规定，处置国有划拨土地使用权需补缴的土地出让金属于优先权。据《执行工作规定》第 34 条第 2 款的规定，司法拍卖过程中产生的应由被执行人承担的税款可定性为执行过程中产生的必要费用，根据这种定性和《最高人民法院关于适用〈中华人民共和国民事诉讼法〉的解释》（以下简称《民诉法解释》）第 510 条的规定，司法拍卖过程中产生的税费优先于执行债权受偿。关于被执行人的历史欠税，其优先受偿性存疑，认为被执行人历史欠税优先受偿的主要依据为税收征收管理法第 45 条规定，但即使依据该规定认可其优先受偿性的，在实际案件中，亦需比较抵押债权与被执行人历史欠税的优先顺位。关于被执行人历史欠税而产生的滞纳金，以及相关水费、电费、物业费，其在执行程序中不具有优先受偿性。由于现行法律法规没有规定土地闲置费、土地违约金的优先顺位，因此土地闲置费和土地违约金亦不能优先受偿。

即上述超级优先权中仅有处置国有划拨土地使用权需补缴的土地出

让金和司法拍卖过程中产生的税费能优先于执行债权受偿。被执行人历史欠税的优先受偿性存疑。其余税费金均被视为普通债权的顺位处理，不具有优先受偿性。

第二，从法定程序的角度分析，据《民事诉讼法解释》第 506 条、第 507 条的规定，除了优先权以外，其他权利在分配程序中均需要以取得执行依据为前提。即除了法定优先权，其他税费金均需要通过相应的法定程序进行确认。没有经过相应法定程序确认而取得执行依据的其他税费金，直接优先于执行债权受偿，剥夺了相关权利人抗辩的权利，是不具备合法性的。

综上，虽然垫付论具有一定的法理基础，但买受人支付一切税费金模式没有解决超级优先权的问题，且容易忽视税费金的充分披露问题，故买受人支付一切税费金并非最佳模式。

（二）买卖双方各自承担税费金模式忽视其他税费金的处理

1. 现有模式聚焦于司法拍卖的税费处理

买卖双方各自承担税费金实践模式的两种说理角度，分别引用《网拍规定》第 30 条和《执行工作规定》第 34 条第 2 款的规定。从合法性的角度，买卖双方各自承担税费金条款是有法律依据的，亦符合税收法定原则的要求。然而，拍卖公告中的买卖双方各自承担税费金条款和两种说理角度均集中于解决司法拍卖过程中产生的税款问题，基本没有涉及其他税费金承担问题的处理。

《浙江省高级人民法院执行局关于规范不动产网络司法拍卖、变卖工作指引》（浙高法执〔2020〕6 号）第 17 条至第 19 条明确，司法拍卖过程中产生的税款依法由买卖双方各自承担；被执行人的历史欠税由税务机关依法主张；处置国有划拨土地使用权需补缴的土地出让金由被执行人依法负担，执行法院在拍卖款中扣划后直接交付相关部门。这是目前较为明确且合理的买卖双方各自承担税费金模式。但该模式还不能囊括解决不动产司法拍卖中所有种类税费金的问题。

2. 忽视其他税费金处理的困境

虽然《网拍规定》第30条确立了法律法规有规定则依规定处理，无规定则根据实际情况处理的一般规则。但是该一般规则不够具体，实践中容易产生争议，如指定除了司法拍卖过程中产生的税款以外的其他税费金由买受人承担，则会产生超级优先权问题。

买卖双方各自承担税费金模式忽视了其他税费金承担问题的处理，且面临一个困境即税费金的收缴主体在无法收缴足额的税费金时，可能拒不协助买受人办理相应的完税过户及相关业务。以税收为例，税务部门在实践中依据《国家税务总局关于进一步加强房地产税收管理的通知》等规定，要求买受人必须缴清全部税款，税务部门方出具完税证明，买受人取得证明后再申请办证，即先税后证规则。从保障国家税收的角度，先税后证规则具有充分积极的意义。然而，部分税务部门对先税后证规则作扩充解释的实践做法存在一定争议。如仅以被执行人的相关历史欠税和滞纳金尚未缴清为由，拒不协助买受人办理完税手续，会引发连锁问题。这也在一定程度上反映出法院与相关税费金收缴主体的联动机制不足。

因此，现行的买卖双方各自承担税费金模式忽视了其他税费金的处理，亦存在一定的局限性。

四、破题的思路

经实证考察，目前实践中主要有买受人支付一切税费金与买卖双方各自承担税费金两种不动产司法拍卖税费金承担实践模式。两种实践模式各有利弊，均非最优模式。根据司法拍卖公法说，司法拍卖属于公法行为，权威性和公信力是执行程序的基石。结合《网拍规定》第30条的规定，法律法规有规定则依规定处理，在法律法规无规定时，对司法拍卖税费金问题的处理亦不得损害司法权威和司法公信力。买受人支付一切税费金的模式，不仅容易忽视税费金的充分披露问题，而且还衍生了超级优先权，不利于维护司法权威和司法公信力。据此，在买卖双方各自承担税费金模式的基础上提出完善的方案，更为合理。

通过对不动产司法拍卖税费金承担问题的现状全面分析，笔者从执行实务的角度出发，却不限于执行部门的职权范围，以求提出具有参考意义的建议，为破解不动产司法拍卖税费金的承担问题提供一点思路。

（一）落实税费金调查和披露机制

针对拍卖公告的税费金披露问题，建议法院落实税费金调查和披露机制，在拍卖公告中尽可能地明确相关税费金的承担主体等相关事项。

从法律渊源的角度，依据《网拍规定》第13条第9项和第14条第3项规定，法院在拍卖前尽职调查和在拍卖公告充分披露拍卖标的所涉的税费金，是有法律依据的。从司法拍卖性质的角度，法院依法在拍卖公告中明确税费金的项目、承担主体等相关事项，可避免拍卖后产生税费金问题的争议，有利于维护司法拍卖的权威性和公信力。

因此，法院在拍卖前应当尽职调查，在拍卖公告中充分披露已知的税费金事项，并明确其他未披露的税费金应依法由相应的主体承担。

（二）明确税费金中的优先权范围和认定程序

针对税费金的优先权规则模糊问题，建议立法明确税费金的优先权范围、优先顺位、认定程序等问题的处理。民事执行中处置和协调涉税冲突问题的现行法律指引效力不足。① 其他税费金亦存在此问题。通过立法明确税费金的优先权范围、优先顺位、认定程序，不仅便于税费金收缴主体主张权利，而且有利于法院在司法拍卖程序和执行分配程序中准确适用法律，避免超级优先权问题的出现。

在现行规定中属于优先权的税费金仅有司法拍卖过程中产生的应由被执行人承担的税款和处置国有划拨土地使用权需补缴的土地出让金，因此，应聚焦于其他税费金的优先权问题。被执行人历史欠税的优先权

① 参见上海市黄浦人民法院课题组：《民事强制执行程序中涉税冲突问题研究》，载《人民司法》2013年第5期。

问题则有待明确。主张被执行人的历史欠税属于优先权的主要依据为税收征收管理法第 45 条的规定。但该规定在执行程序的适用，仍存在被执行人历史欠税的优先范围、历史欠税的优先顺位、参与分配程序与方式等几个问题需解决。据此，笔者认为，应当将被执行人的历史欠税纳入司法程序保障，把被执行人的历史欠税与民事债权同置于执行参与分配程序中考量各自的顺位，通过配套制度逐步改革被执行人历史欠税的优先范围、历史欠税的优先顺位、参与分配程序与方式等，完善民事强制执行程序中的参与分配机制。

其他相关税费金如在法律性质上为普通债权的，应当按照普通债权的参与分配程序处理；如涉及优先权问题的，则可参照被执行人历史欠税的处理方式，通过配套制度逐步改革优先范围、优先顺位等问题。

（三）建立法院与特定税费金收缴主体的协调联动机制

针对法院与税费金收缴主体协调不足的问题，建议法院与特定税费金收缴主体建立协调联动机制，理顺程序衔接、款项划拨和信息互通等问题。此处的特定税费金收缴主体，主要是指税务部门、国土部门等具有公权力性质的税费金收缴主体。这是因为：首先，与拍卖标的办证过户有关的税费金收缴主体是税务部门、国土部门等具有公权力性质的主体，协调联动机制有利于拍卖标的成交后的办证过户；其次，拍卖过程中产生的应由被执行人承担的税款和处置国有划拨土地使用权需补缴的土地出让金属于优先权，协调联动机制便于这些属于优先权的税费金及时收缴。

（四）准确适用先税后证规则

针对因尚未缴清被执行人全部欠税而拒不出具完税证明问题，建议税务部门准确适用先税后证规则。部分税务部门对先税后证规则作扩充解释，要求买受人或相关主体必须在缴清被执行人的历史欠税后才出具完税证明。然而先税后证规则的法律依据是《契税暂行条例》第 11 条和

《土地增值税暂行条例》第 12 条。契税和土地增值税都是不动产交易相关的税种。买受人缴清其在司法拍卖中应承担的税款，以及法院提取司法拍卖过程中产生的应由被执行人承担的税款之后，税务部门就应准确适用先税后证规则，出具完税证明给买受人。至于被执行人的历史欠税及其他税费问题，税务部门应向被执行人依法追缴或通过向法院申请参与分配程序以解决。

论司法拍卖抵押物产生的税款之清偿顺位

何　骏*

一、问题的提出：由一则案例引发的拷问

随着执行工作进入“互联网+”时代，网络司法拍卖不动产已经成为法院“基本解决执行难”的关键一环。正如有关专家所言，网络司法拍卖已日益成为法院实现申请执行人权利的重要手段。[①] 然而，司法拍卖带来的涉税矛盾却日益凸显。

（一）基本案情与裁判结果

申请执行人上海思宏软件科技有限公司与被执行人上海希尼卡环保节能材料有限公司（主债务人）、上海聚翔投资发展有限公司（抵押人）公证债权文书执行一案中，[②] 上海市松江区人民法院对被执行人上海聚翔投资发展有限公司所有的7套房产予以网络拍卖。拍卖成交后，对于拍卖形成的税款如何承担，债权人与抵押人均持不同的意见。债权人上海思宏软件科技有限公司认为其是上述房产的抵押权人，抵押权的实现范

* 上海市松江区人民法院法官助理。

① 参见朱战利、许建军、杜建勋：《明确司法拍卖税款承担主体，促进网拍制度完善发展》，载《人民法院报》2020年4月30日。

② 参见上海市松江区人民法院（2014）松执字第1418号执行裁定书、上海市松江区人民法院（2019）沪0117执恢14号执行裁定书。

围应当及于所有抵押物的变现价值，对于被执行人应当承担的拍卖税款应当由其另行支付；被执行人上海聚翔投资发展有限公司则认为其为第三人提供的物保，拍卖税款（包括增值税、土地增值税、企业所得税等）应当以抵押物为限从变价款中直接支出，不应由其额外负担。

执行法院经评议，根据法理精神、法律原则和案件实际情况决定从变价款中优先支付被执行人（抵押人）应承担的相关税款。至于作出上述裁判的理由，笔者在下文将着重探讨。

（二）问题梳理

执行法院强制拍卖被执行人名下的抵押物后，在进行权属变更登记时必然会产生特项税负。故上述案件的争议焦点可以归纳为以下两点：一是司法拍卖实现抵押权征收的税款是否优于抵押物权受偿？二是若判定为优先受偿，上述拍卖税款能否从抵押物变价中抵扣及如何抵扣？税收优先权指如果纳税人同时存在未缴纳的税款以及其他的债务，同时纳税人的资产不足以偿还全部的债款时，那么税收就应该优于其他债务而被优先偿还。① 因此，税款征收属于公法范畴的概念，而抵押权人优先受偿则是属于私法范畴的概念，是基于民法典第 394 条的规定。当公私领域的优先权效力发生竞合时应当以怎样的规则处理之，对于协调国家利益、私人利益及规范市场交易行为都有举足轻重的意义。

事实上，为合理规范网络司法拍卖工作，最高人民法院于 2016 年出台了《关于人民法院网络司法拍卖若干问题的规定》（以下简称《网拍规定》），其中第 30 条对拍卖税款承担规则进行了回应。《网拍规定》在税款承担方面给出了两条意见：一是依法确定；二是依法律原则和案件实际情况确定。该规定对司法拍卖产生的税款承担主体进行了明确，有着里程碑式的意义，也具有普适价值。诚然，“根据法律原则和案件实际情况确定”也具备了兜底条款的特性，执行法院可以运用目的解释、体

① 参见刘剑文、熊伟：《税法基础理论》，北京大学出版社 2004 年版，第 298 页。

系解释、逻辑解释等方法探求立法本意，为解决司法拍卖抵押物产生的涉税冲突开拓新空间。故此，本文将遵循“理论—制度—实践”的逻辑条线展开探讨。

二、司法拍卖中税收优先权与抵押物权的权利冲突根源分析

（一）对司法拍卖税款属性认识不一

理论上，对于司法拍卖抵押物产生的税款属性争议主要是围绕是“税”还是“费”而展开。归纳起来，主要存在以下两种观点。一种观点认为，虽然拍卖税款系由法院的司法行为引发产生，但从本质上说该项税款与税务机关征收的其他税款无异议，均属于公法之债，都是为了保证社会公共利益的实现。若将新生税款一概视为执行费用违背了税收法定原则，忽视了对纳税人权利的保护。① 另一种观点认为，拍卖税款虽名为“税”，但实为法院为实现司法拍卖目的而必须支出的费用。②

在我国已经出台的法律法规中，并没有对税收之债的概念进行过界定，故而也没有对其性质进行过直接阐述。如何界定拍卖税款的性质将决定法律适用的选择，进而可能得出两个拍卖税款能否优先受偿的不同结论。若将拍卖税款界定为税收债权，从产生的时间上看，其晚于抵押物权设立的时间，故根据税收征收管理法第45条第1款的规定，其似乎不应该优于抵押权受偿；若将拍卖税款界定为费用，则能顺理成章地根据担保法的相关规定优先受偿。

（二）现行法律制度存在缺陷与不足

首先，关于税收优先权制度的规定存在法律漏洞。我国税收征管法第45条对税收优先权进行了阐释，其具体规定为：除法律另有规定的

① 参见程国琴：《从扩张走向限缩：税收优先权在民事执行程序中的实现路径》，载《税务研究》2021年第3期。

② 参见葛洪涛等：《执行程序中司法拍卖担保物的税款顺位》，载《人民司法》2019年第19期。

外，若税收与他人无担保债权并存时，税收具有绝对优先性；若纳税人的财产上设有担保物权，如纳税人的欠税发生在担保物权成立之前，税款依然可以优先受偿，反之则不可。从广义上看，拍卖税款是属于纳税人欠缴的税款，其产生时间也晚于担保物权的设立，但其和纳税人自身原因导致的欠税是有本质区别的，拍卖产生的税款是因司法处分抵押物而产生。税收征收管理法并没有考虑到导致税款发生的原因、行为以及应纳税种的区别，单纯以欠税发生的时间来决定税款受偿优先性的制度安排在实践中存在局限性，可操作性也不强。

（三）税务机关、抵押人、抵押权人追求的利益目标不同

在执行程序中，税收优先权与抵押物权的紧张关系归根到底是源于税务机关、抵押人、抵押权人之间利益的抗衡与博弈。税务机关代表国家依法行使征税权，当国家征税的权利与其他债权同时存在时，税收债权原则上优于其他债权。这主要是由于税收是满足公共需要的手段，它具有很强的公益性。① 税务机关依法征税关乎国家的财政收入以及国民经济的发展，并以实现多数人的共同福祉为行政目标。抵押人以特定财产设定了抵押以担保债权的初衷就是在债务人无偿还债务能力，法院对其抵押物进行处分后，能够优先以抵押物的变现价值为限清偿债务、税款、执行费用等。而抵押权人则是希望通过对抵押财产的依法处分，使其申请执行的债权能够得到最大限度的满足。概言之，三者的利益追求是相斥的。

（四）行政权力在实施中的扩张

根据民法典第229条规定，对于因人民法院拍卖行为导致不动产权属发生变化的，自拍卖裁定生效时不动产所有权就发生转移了，并不以办理权属登记为生效要件。换而言之，房屋登记机构不能以原不动产所

---

① 参见［日］金子宏：《日本税法原理》，刘多田、杨建津、郑林根译，中国财政经济出版社1988年版，第47页。

有人未缴纳税款为由拒绝办理登记。然而，先税后证规则的滥用却造成不缴纳税款无法办理产权证书的尴尬局面。如在土地增值税法第12条，《国家税务总局关于实施房地产税收一体化管理若干具体问题的通知》第2条，《国家税务总局关于进一步加强房地产税收管理的通知》第1条、第2条等税收保障法律法规中都能见到先税后证规则的踪影。根据这些条文的要求，纳税义务人必须先缴纳相应税款，才能办理产权变更登记，并且这也是实践中多数地方税务机关会同不动产登记部门实行的做法，这使得拍卖税款在事实及法律上处于优先受偿的地位。

三、法院对拍卖抵押物产生税款清偿顺位的认定

（一）基于样本案例的归纳和整理

笔者在无讼案例网以“司法拍卖”“抵押物”“税款”为关键词进行检索，截至2022年5月10日共检索到9份与论题高度相关的裁判文书（均为执行裁定书），并以此为样本进行研究。从地域上看，样本涉及江苏、浙江、广东、广西、河北等5个省份，其中江苏法院受理的涉税争议最多，占据样本的55.5%；从案件审级上看，分别有4个案件通过执行异议及执行复议程序裁决，还有1个案件通过申诉程序裁决；从提出执行异议、复议的主体上看，以申请执行人为异议人或复议申请人的居多，有1个案件是利害关系人提出的执行异议，还有2个案件是被执行人提出的执行异议；从争议的焦点上看，主要还是围绕司法拍卖抵押物产生的被执行人应缴税款是否应从拍卖变价款中支付问题；从法院裁判结果来看，有8份执行裁定书支持拍卖抵押物的税款具有优先受偿权，另有1份执行裁定书对此不置可否。详见表1。

表 1　样本裁判文书（执行裁定书）基本信息

序号	样本案例	法院审查依据	裁判结果
1	江苏龙城典当有限公司与无锡泰富投资发展有限公司、朱某良等典当纠纷案①	属于司法拍卖行为的发生费用；承担责任范围仅限于其提供的抵押财产	支持优先受偿权
2	江苏美钢管业有限公司与中国农业银行股份有限公司拉萨金珠支行等借款纠纷案②	执行中未对被执行人单独执行卖方税费	支持优先受偿权
3	东莞信托有限公司与中山市腾好漂染纺织有限公司金融借款合同纠纷案③	拍卖税款属于拍卖抵押物变现的共益费用，缴纳税款是完成过户的前提；拍卖成交款扣除交易税费等费用后才能作为执行款用于清偿抵押债权	支持优先受偿权
4	梁某与钟某明、广西梧州树保农业发展有限公司借款合同纠纷案④	拍卖余款应优先扣除税费才能发还申请人	支持优先受偿权
5	徐州彭城农村商业银行股份有限公司夏桥支行与徐州玖顺物资贸易有限公司、徐州正德置业集团有限公司等借款合同纠纷案⑤	属于司法拍卖行为的发生费用	支持优先受偿权
6	工行遂昌支行与遂昌张记食品有限公司金融借款合同纠纷案⑥	优先缴纳税款是处置案涉房地产变现产生的必然费用，也是案涉房地产拍卖成交的必备条件；税收征收管理法所指“欠税”是指企业在经营过程中欠缴漏缴的税，不包括司法处置过户时产生的税	支持优先受偿权

① 参见江苏省高级人民法院（2017）苏执复 45 号执行裁定书。
② 参见西藏自治区高级人民法院（2020）藏执异 1 号执行裁定书。
③ 参见广东省高级人民法院（2018）粤执复 254 号执行裁定书。
④ 参见广西壮族自治区高级人民法院（2018）桂执复 72 号执行裁定书。
⑤ 参见江苏省徐州市贾汪区人民法院（2019）苏 0305 执异 128 号执行裁定书。
⑥ 参见浙江省遂昌县人民法院（2017）浙 1123 执异 7 号执行裁定书。

（续表）

序号	样本案例	法院审查依据	裁判结果
7	建行吴江分行与吴江市七宝房地产开发有限公司担保物权纠纷案①	拍卖过程中产生的税费属于实现抵押权的费用，税务机关有权先行扣缴	支持优先受偿权
8	陈某与王某燕民间借贷纠纷案②	拍卖税款属于司法拍卖行为的发生费用	
9	中国信达资产管理股份有限公司河北省分公司、大城县富迪食品有限公司金融借款合同纠纷案③	应对何谓网络司法拍卖本身形成的税种进行审查后再行确定清偿顺序	河北高院并未明确表态

总之，异议人对拍卖税款优先受偿提出异议是基于自身的抵押债权无法得到满足，故立意于担保物权的优先性而展开博弈。从裁判文书上看，异议人主要从以下三个维度主张诉求：一是拍卖税款属于一般债权，应该适用税收征收管理法第 45 条的规定，拍卖所得款项归抵押权人所有；二是既然法院拍卖公告及拍卖须知已经明确拍卖产生的一切税费由买受人承担，那么就不应当从拍卖变价款中支付相关税款；三是现行法律、行政法规并没有规定执行法院负有代扣、代缴税款的义务，税务机关不得要求其代扣、代缴。然而，执行法院倾向于拍卖税款优先受偿更多地是考虑推进司法拍卖处置抵押物的进程，保证国家税收及时、足额入库。在遵循《网拍规定》第 30 条的原则下，法院也提出了以下三种审理该类型案件的思路：一是通过对“欠缴税款”进行解释，进而否定税收征收管理法第 45 条的适用余地；二是从税务机关确立的先税后证规则出发，肯定完税是权属变更的前置条件，也是实现抵押权的必要条件；

① 参见江苏省苏州市吴江区人民法院（2017）苏 0509 执异 80 号执行裁定书。

② 参见江苏省宿迁市中级人民法院（2020）苏 13 执复 22 号执行裁定书。

③ 参见河北省高级人民法院（2019）冀执监 129 号执行裁定书。

三是将拍卖税款界定为司法拍卖行为产生的费用，可与执行费、评估费等费用置于同等地位优先受偿。

（二）司法认定中存在的问题分析

总结司法实践可得，一方面，多数法院认为在拍卖税款清偿顺位上不应当适用税收征收管理法第 45 条的规定，并对“欠缴的税款”的概念进行了自我解读，认为此处欠税是基于企业或个人在生产生活中基于自身行为产生的历史欠税。而根据立法法第 42 条的规定，法律解释权属于全国人民代表大会常务委员会。因此，法院对欠税概念需要进一步明确含义的这种解释效力有商榷空间。另一方面，几乎所有法院都将拍卖税款理解为实现抵押权的费用，但至于为何认定为费用，均未进行过详细的司法论证。另外，很少有法院在作出裁判中援引有关法律依据，说理部分显得很单薄。

四、司法拍卖抵押物产生的税款优先受偿之逻辑证成

（一）实现抵押权的税款优于抵押权人受偿具有目的正当性

纵观司法拍卖的整个流程，缴税环节具有举足轻重的作用。实践中，如果不缴纳相应税款，抵押物的过户登记将受阻碍，抵押债权也不可能实现，执行目的亦难以达到。拍卖税款系法院强制执行被执行人名下的财产产生的，具有现实性及时效性，与税收征收管理法第 45 条规定的“纳税人欠缴的税款”有本质上的区别。笔者赞同将该税款理解为实现抵押债权而支出的一种必要成本（或是费用）。根据民法典第 389 条的规定，实现担保物权的费用应当由债务人承担，其原因在于该费用本质上是因为债务人不及时履行债务所致。[①] 既然属于抵押权责任范围，根据《最高人民法院关于适用〈中华人民共和国担保法〉若干问题的解释》

---

① 参见最高人民法院民法典贯彻实施工作领导小组主编：《中华人民共和国民法典物权编理解与适用（下）》，人民法院出版社 2020 年版，第 1003 页。

第74条之规定，拍卖税款具有特别优先权，[1]应当优先于抵押债权受偿。

同样地，司法拍卖抵押物产生的特定税款也应当由抵押物变价承担。当主债务人与抵押人系同一人时，退一步讲，即使拍卖税款不从抵押物变价款中支出，仍可以要求主债务人承担相应拍卖税款。然而，当主债务人与抵押人并非同一人时，理论及实践中存在以下两种意见：一是由抵押物变价承担；二是由抵押人另行支付。[2]笔者认为应采用第一种意见。首先，拍卖税款虽名为税款，但实为为实现抵押债权而产生的必要费用，理应按照《最高人民法院关于适用〈中华人民共和国担保法〉若干问题的解释》第74条之规定从抵押物变现价值中优先受偿，抵押权人对此也应当承受。设立抵押债权是债权人基于风险评估与个人利益衡量决定在债务人提供担保的情况下与之发生经济往来的结果。自己行为自己责任，由此产生的损失其应当是能够预见的。其次，对于第三人提供抵押物的，其承担责任的范围限于抵押财产。如果要求抵押人另行支付拍卖税款，则变相加重了抵押人的法律责任，超出了其应当承担的责任范围。

（二）实现抵押权的税款优于抵押权人受偿符合利益均衡原则

利益均衡是平衡和协调相关权利主体之间冲突的一种方法。把利益均衡的方法引入司法拍卖抵押物税款清偿程序中追求的价值主要是公平和效率。公平是经济法上社会本位理念下的价值追求，根据这个理念，在法治保障社会经济运行中，不仅需要维护社会个体的基本利益，更需要关注社会权利和利益，实现社会的整体发展。简言之，就是要在原有的权利清单中加入社会公共利益的内容，[3]并将这种制度法律化。效率则是司法拍卖的另一价值目标，司法拍卖的目的在于快速、高效地处置被执行人的财产，而税款缴纳也是拍卖实质成交的要求。若不完成税款缴

---

① 参见熊伟：《税收优先权研究》，武汉大学出版社2002年版，第174页。

② 参见葛洪涛等：《执行程序中司法拍卖担保物的税款顺位》，载《人民司法》2019年第19期。

③ 薛克鹏：《论经济法的社会本位及其实现》，载《现代法学》2006年第6期。

纳，则会影响执行进度，导致执行程序搁置，事实上导致各方利益及社会利益遭受更大损失。

基于上述分析，既然走向司法拍卖，就意味着被执行人已无其他财产可供强制执行，倘若拍卖税款不能优先受偿，则很大程度上意味着税收流失。让渡部分抵押物变现价值用于保障税收优先权，既能保证财政收入，实现社会整体利益，也能保障债权人自身优先权的实现，提高司法拍卖的效率。可以说，拍卖税款优先受偿是公平与效率理念的现实体现。

（三）实现抵押权的税款优于抵押权人受偿的法规范基础

首先，应当透过法律条文理解《网拍规定》第 30 条所蕴含的精神实质。从表面上看，《网拍规定》虽是根据相关法律、行政法规对因拍卖本身形成的税费承担主体进行了重申，但也对拍卖税费如何承担指明了方向：根据法律原则和案件实际情况确定税费承担的相关主体、数额。承前所述，拍卖税款优先受偿的法理是利益均衡原则，而案件实际情况就是在房产过户上税务机关实行先税后证规则。

其次，应当破解税收征收管理法第 45 条适用的难题。学界普遍认为，我国税收优先权制度实际只是一般税收优先权，缺少特殊优先权的规定。特殊优先权是指国家税收针对债务人之某些特定财产得以优先实现。[①] 有些税收优先权的法律效力不仅要高于普通债权，还会优先于抵押债权。[②] 因此，笔者认为，税收征收管理法第 45 条的改造有两条路径：一是对“欠缴的税款”进行立法或司法解释，进一步明确其含义；二是设立除外条款，将某些特定财产产生的特定税种纳入特殊优先权的受偿范围。

最后，在现行法制框架下能否寻找到适用的依据呢？拍卖税款的征

---

① 郭明瑞：《优先权制度研究》，北京大学出版社 2004 年版，第 84~85 页。

② 参见王泽鉴：《税捐、工资与抵押权》，载王泽鉴：《民法学说与判例研究（4）》，中国政法大学出版社 1998 年版，第 355~356 页。

收属于公权活动的范畴，当公权力波及私权时应当遵循“法无授权不可为”的原则。根据《城市房地产抵押管理办法》第47条规定，处分抵押房地产所得金额，依下列顺序分配：（1）支付处分抵押房地产的费用；（2）扣除抵押房地产应缴纳的税款；（3）偿还抵押权人债权本息及支付违约金；（4）赔偿由债务人违反合同而对抵押权人造成的损害；（5）剩余金额交还抵押人。处分抵押房地产所得金额不足以支付债务和违约金、赔偿金时，抵押权人有权向债务人追索不足部分。该条以部门规章的形式确立了抵押房产处置后所得价款的清偿顺位，明确了应缴税款优先于抵押债权受偿。另外，根据《国家税务总局关于人民法院强制执行被执行人财产有关税收问题的复函》（国税函〔2015〕869号，以下简称《复函》）规定：一是人民法院实施的强制执行活动，对拍卖、变卖财产的全部收入，纳税人均应依法申报缴纳税款；二是鉴于人民法院实际控制纳税人因强制执行活动而被拍卖、变卖财产的收入，人民法院应当协助税务机关依法优先从该收入中征收税款。因此，《复函》也为人民法院在拍卖被执行人财产后产生的税款如何受偿确立了操作准则即税收优先规则。在规定选择上既可适用《城市房地产抵押管理办法》第47条的规定，也可适用《复函》的规定。不过，考虑到《城市房地产抵押管理办法》及《复函》的效力层级较低，司法适用中容易产生争议，笔者建议将来以法律或司法解释的形式加以明确。

关于执行到期债权的几点实务问题思考

张心阳[*]　王宏伟[**]

债权作为被执行人可供执行财产之一，在执行程序中，对债权的执行到位情况不容乐观，现有规定执行力的有限扩张加之对次债务人权利的充分保护，实践中导致的后果是次债务人异议启动的随意性，与代位权诉讼启动衔接难，审查依据不完备等，架空了债权执行制度。就实践中的几个问题，笔者进行汇总，提出建议以供实践参考。

一、冻结债权的方式及冻结债权顺位的确定

依照《最高人民法院关于适用〈中华人民共和国民事诉讼法〉的解释》（2022 年修正，以下简称《民事诉讼法司法解释》）第 499 条及《最高人民法院关于依法制裁规避执行行为的若干意见》第 13 条的规定，对次债务人到期债权可以作出冻结债权裁定，并未指明是否可以对被执行人银行账户等财产直接采取强制措施。结合《最高人民法院执行工作

* 北京市西城区人民法院审委会委员，四级高级法官。
** 北京市高级人民法院执行一庭法官助理。

办公室关于第三债务人异议问题的函》（法经〔1997〕16号）[①] 来看，最高人民法院并未直接否定在执行到期债权时人民法院对次债务人银行账户的冻结措施。因此，应当认为在执行债权时，可以采取对次债务人银行账户或其他财产的冻结措施。

执行到期或者未到期债权时，法院作出冻结裁定并送达次债务人，大部分执行法院并未对次债务人的实际财产采取控制性措施，也有部分法院直接对次债务人银行账户等财产采取控制性措施。法院在冻结次债务人银行账户时需同时向其送达冻结裁定，冻结账户的时间与冻结裁定的送达时间可能存在时间差，这就使得在实践中，对冻结债权的生效时间产生争执，尤其是被执行人有多个债权人申请执行同一笔到期债权时，债权冻结的起止时间通常决定了债权人受偿的先后顺序。

笔者认为，《最高人民法院关于人民法院执行工作若干问题的规定（试行）》（2020年修正，以下简称《执行工作规定》）第51条已经规定了第三人即次债务人在债权冻结后擅自履行的法律责任，向次债务人送达冻结裁定即产生限制处分效力，因此，在执行中，法院仅向次债务人送达相关法律文书即可，无须对次债务人名下财产采取控制性措施，这样既可以保障执行效率，同时也能避免执行到期债权对次债务人正常生产生活的影响。

次债务人对履行到期债权通知书提出异议后，法院对该笔债权不予执行，申请人在代位权诉讼中申请对次债务人的财产进行保全，此时，

---

① 该函主要内容为："内蒙古自治区高级人民法院：北京帝都商贸发展公司向我院反映：赤峰市红山区法院在执行〔1996〕赤公证字380号公证书中，根据最高人民法院《关于适用〈中华人民共和国民事诉讼法〉若干问题的意见》（以下简称《适用意见》）第三百条的规定，向该公司发出通知书，要求该公司就其所欠被执行人赤峰市第一造纸厂的债务186363.92元本金和利息向申请执行人赤峰市基本建设投资公司履行，同时采取了冻结该公司银行存款的措施。该公司否认通知书中所述的债权债务关系，提出了异议。但赤峰市红山区法院的冻结措施仍未解除。我们认为：按照我院《适用意见》第三百条的规定向第三人发出履行债务通知后，如第三人就其与被执行人之间的债权债务关系提出了否定的异议，即不应对第三人采取强制执行措施。现将有关材料转你院，请认真核查。如所反映赤峰市红山区法院采取冻结措施的情况属实，应依法纠正。请将处理结果报告我院。"

法院对银行账户等财产采取的保全措施也为对债权的冻结措施，此时次债务人的地位仍为协助义务人，依照《最高人民法院关于人民法院民事执行中查封、扣押、冻结财产的规定》（2020 年修正，以下简称《查扣冻规定》）第 1 条第 2 款之规定："采取查封、扣押、冻结措施需要有关单位或者个人协助的，人民法院应当制作协助执行通知书，连同裁定书副本一并送达协助执行人。查封、扣押、冻结裁定书和协助执行通知书送达时发生法律效力。"无论是执行阶段的冻结还是保全阶段的冻结，冻结债权裁定书送达次债务人后即产生公示效力，应当以送达冻结裁定时间点的先后顺序来确定债权的查封顺位，同时也应该以该时间点来划分善意第三人权利保护能否对抗申请执行人。

二、到期债权中的"债权"范围界定

到期债权中的"债权"是否仅限定在金钱债权，根据责任财产理论，凡归属于被执行人所有的财产，只要具有财产价值，都应当用来实现债务清偿。但到期债权的执行与直接承接债务人对次债务人的债权并不等同。

首先，应考虑到执行程序中对次债务人的权利保障，执行到期债权是执行力向案外人的权力扩张，这种扩张应当限定在一定范围内，既不能执行次债务人对其他人的债权，同时也应该对次债务人的正常生活予以保障，基于扶养、继承、人身损害赔偿产生的具有专属性的人身关系之债权就应该排除在该类债权之外。其次，进入代位权诉讼是执行到期债权的路径之一，债权性质和范围也应当与代位权诉讼中权利范围保持一致。

因此，对于执行到期债权的范围应结合民法典第 535 条①规定的可提起代位权诉讼的债权来确定。被执行人债权的具体范围可包括：（1）与次

---

① 民法典第 535 条规定："因债务人怠于行使其债权或者与该债权有关的从权利，影响债权人的到期债权实现的，债权人可以向人民法院请求以自己的名义代位行使债务人对相对人的权利，但是该权利专属于债务人自身的除外。代位权的行使范围以债权人的到期债权为限。债权人行使代位权的必要费用，由债务人负担。相对人对债务人的抗辩，可以向债权人主张。"

债务人之前的合同确定的债权债务关系，对次债务人享有的债权；（2）与次债务人之间基于财产侵权纠纷，对次债务人享有的财产损害赔偿请求权；（3）对次债务人的财产享有的担保物权；（4）与次债务人之间非专属于被执行人的其他纠纷，对次债务人享有的其他债权请求权。

三、冻结到期债权被裁定不予执行后，执行与保全的衔接

执行法院支持了次债务人针对到期债权通知书提起的异议，对到期债权不再继续执行，此时执行法院是否仍应继续采取冻结债权的措施，各地做法不一。山东高院认为，冻结债权本身并未违法，申请执行人通过代位权诉讼胜诉后，仍有恢复该笔债权执行的可能性，因此对于次债务人提出的异议，法院不执行该笔债权，而不必撤销冻结债权裁定。江西高院认为，在申请执行人提起代位权诉讼的情形下，应当继续冻结到期债权，将执行保全转为诉讼保全措施。

依照《最高人民法院执行工作办公室关于第三债务人异议问题的函》（法经〔1997〕16号）内容精神，最高人民法院并未否定在执行债权过程中对次债务人银行账户的冻结措施。如果执行法院以冻结银行账户等实际控制财产方式冻结债权，次债务人就其与被执行人之间的债权债务关系提出了否定的异议，该异议获得支持后，应当解除对次债务人的财产控制措施。

笔者认为，申请人在执行法院释明后主动提起代位权诉讼，为防止被执行人、次债务人在诉讼中规避执行，确保债权执行的连续性，执行法院的冻结债权与代位诉讼的保全应当做好衔接。执行程序秉持高效原则，在冻结债权被裁定不予执行后，应当参照诉前财产保全的规定，将冻结债权裁定移送代位权诉讼法院。代位权诉讼法院与执行法院可能不是同一法院，申请人提起的代位权诉讼取得胜诉结果后，依照执行管辖的规定，申请执行人多会重新申请以次债务人为被执行人的执行案件，因此，执行法院在无法执行到期债权时，移交冻结债权既便利财产流转、提升诉讼与执行的衔接，又能降低债权执行案件中执行法院的漏封风险。

如果经执行法院释明，申请人不准备提起代位权诉讼或在释明后一定期限内未提起代位权诉讼，执行法院应当解除对到期债权的冻结措施。

四、次债务人提出异议的处理

按照对到期债权的规定，《民事诉讼法司法解释》第 499 条第 2 款①以及《执行工作规定》第 47 条②均提到了次债务人对到期债权可以在法定期限内提出异议，但对于可以提出何种异议并未明确。仅在《执行工作规定》第 48 条对异议内容进行了否定性列举，即如果异议的理由是自己无履行能力，或其与申请执行人无直接法律关系，不构成异议。这就导致法院在执行到期债权问题上对针对冻结债权提出的异议与针对履行到期债权通知书提出的异议的把握尺度不统一。

针对冻结债权提出的异议，大部分执行法院认为，冻结未到期债权仅产生对该笔债权的止付效果，未对次债务人权利产生实体影响，因此，对次债务人提出的债务未到期、冻结金额超过对被执行人的欠款、被执行人未履行合同相对义务等异议，均不构成解除冻结的理由。

针对履行到期债权通知书提出的异议，江西高院认为，只要次债务人提起的异议属于否定性列举之外的异议，即“自己无履行能力或者其与申请执行人无直接法律关系”之外的异议，且该笔债权非生效法律文书确认，对于该笔债权不能再继续执行。江西高院对异议的规定，扩大了异议的范围，一定程度上可能导致债权执行中异议的滥用。山东高院认为，次债务人提出的异议是指对其与被执行人之间是否存在到期债权债务关系以及到期债权的具体数额有异议。因此，次债务人提出此种异议的，法院不予审查，也不得强制执行。该规定限定了异议的类型，同时并未对次债务人对债权数额有异议部分和没有异议部分进行区分，规

① 该条款规定：“该他人对到期债权有异议，申请执行人请求对异议部分强制执行的，人民法院不予支持。利害关系人对到期债权有异议的，人民法院应当按照民事诉讼法第二百三十四条规定处理。”

② 该条规定：“第三人在履行通知指定的期间内提出异议的，人民法院不得对第三人强制执行，对提出的异议不进行审查。”

定只要提出异议即不予审查或执行，一定程度上也影响了债权执行。

笔者认为，次债务人针对冻结债权裁定提出异议后，因冻结债权并未影响次债人的实体权利，执行法院应当进行有限性审查，参照民事强制执行法草案第155条①，在冻结未到期债权时，次债务人以“被执行人的债权不存在、已消灭”提出异议的，则应当停止该笔债权的执行，直接引导申请执行人进入代位权诉讼程序；次债务人提出存在其他妨碍被执行人请求事由，如未届履行期、债权数额有错误、存在在先冻结等情况，并未否定债权存在，此时，冻结债权裁定并不涉及债权债务关系的实体认定，对于此类异议，应当不予支持，法院可以继续采取冻结债权措施。

履行期限届满后，次债务人针对法院送达的履行到期债权通知书提出异议，此时次债务人提出债权消灭、已过诉讼时效、存在抵销或免除等实体异议，法院不能在执行程序中直接确认实体法律关系，此时执行法院应当停止执行措施。

五、生效法律文书确定的到期债权，次债务人异议的处理

《民事诉讼法司法解释》第501条规定，次债务人不能否认生效法律文书确定的债权。对于次债务人以债权消灭、丧失强制执行效力等执行依据生效之后所产生的实体事由提出异议如何处理，法院是否能在执行程序中进行审查？山东高院认为，对生效法律文书确定到期债权，第三人提出在法律文书生效后已经清偿或予以抵销的，应当参照民事诉讼法第232条规定的执行行为异议进行审查；如果第三人以法院执行程序不当等与债权债务本身无关的其他事由提出异议的，适用民事诉讼法第232

① 该条规定：“第三人认为被执行人的债权不存在、已消灭或者存在其他妨碍被执行人请求事由的，应当在收到履行令之日起十五日内，向人民法院提出书面异议，并说明事实和理由。”

条针对执行标行为异议的规定进行审查。[①] 在山东高院（2017）鲁执复73号申请执行人济南舜高投资咨询有限公司与被执行人山东民生煤化有限公司、山东省塑料工业有限公司借款合同纠纷执行复议裁定中，法院认为，《最高人民法院关于人民法院办理执行异议和复议案件若干问题的规定》（以下简称《异议复议规定》）第7条第2款规定："被执行人以债权消灭、丧失强制执行效力等执行依据生效后的实体事由提出排除执行异议的，人民法院应当参照民事诉讼法第二百二十五条[②]规定进行审查。"该规定是基于我国目前法律上尚不存在债务人异议之诉制度的现实情况下，赋予了执行异议程序在特定情形下的实体审查权，以此来保障相关债务人可以获得法律程序上的救济。

笔者认为，生效法律文书确定的到期债权，相关的实体权利义务已经通过法定程序得到确定，次债务人的权利已经在诉讼程序中得以保障，生效法律文书的既判力与执行力在到期债权的执行中得以衔接，契合《民事诉讼法司法解释》第499条第3款规定精神。针对该债务是否履行完毕、债权是否已过申请时效等，确定该到期债权的法律依据生效之后产生的实体事由，应当赋予次债务人提出异议的权利，参照山东高院提出的"代位执行"一说，由执行法院参照被执行人异议程序，依照《异议复议规定》进行处理，而不宜再另行通过诉讼程序解决。

六、冻结债权后，与另案生效法律文书冲突的处理

冻结债权的裁定书具有固定被执行人与次债务人之间的债权债务关系的法律效果，该裁定书经送达生效后，该债权债务关系基于当事人之

---

① 《山东省高级人民法院执行疑难法律问题解答（二）》第24条第2款规定："如果到期债权已经生效法律文书确定，第三人提出在法律文书生效后已经清偿或予以抵销的，应当根据《最高人民法院关于人民法院办理执行异议和复议案件若干问题的规定》第七条第二款规定，参照民事诉讼法第二百二十五条（现第二百三十二条——编者注，下同）规定进行审查；如果第三人以法院执行程序不当等与债权债务本身无关的其他事由提出异议的，适用民事诉讼法第二百二十五条规定进行审查。"

② 2021年修正后民事诉讼法第232条。——编者注

间私下约定抑或是基于另案生效文书，是否能产生对抗申请执行人的法律效果？

《最高人民法院执行办公室关于案外人未协助法院冻结债权应如何处理问题的复函》中认为，在债权的有效查封冻结期间，次债务人在法院向其送达协助执行通知后，又以履行另案调解书为由，擅自向被执行人支付，致使已采取查封措施的生效法律文书无法执行，可以责令限期追回财产或承担相应的赔偿责任。在最高人民法院（2019）最高法执监 328 号南通四建集团有限公司与万通建设集团有限公司、耿某龙等建设工程分包合同纠纷执行监督裁定书中，最高人民法院认为，即便是在冻结的法律文书生效后另案生效法律文书改变了债权债务关系，也不能对抗申请冻结债权的申请执行人，次债务人不能以履行另案调解书为由对履行到期债权通知提出异议。根据最高人民法院前述复函及裁判精神，次债务人不能在债权冻结文书送达后以另案生效的调解书导致权利义务发生变化为由提出不履行债务的异议，这也契合了《查扣冻规定》第 24 条第 1 款“被执行人就已经查封、扣押、冻结的财产所作的移转、设定权利负担或者其他有碍执行的行为，不得对抗申请执行人”之规定，但就是否适用于判决书等情形，现实情况较为复杂，尚未有相关规范或案例明确。

笔者认为，基于被执行人与次债务人双方共同意愿而作出的民事调解书或依照调解协议制作的仲裁书等文书，裁判机关未依照法律法规进行全面审理，容易导致被执行人与次债务人恶意串通损害申请执行人利益的情形发生，因此规定被执行人及次债务人之间债权债务关系进行的变更、解除、债权转让或者其他有碍执行的行为不能对抗申请执行人。冻结裁定送达后，对于次债务人与被执行人的债权纠纷基于生效的判决确定的情形，此时权利义务关系并非基于被执行人主观意愿确定，而债权执行作为区别于普通诉讼程序的略式程序①，无法从效力上对抗生效的民事判决，因此，执行法院应当尊重生效判决的效力，对生效的判决中

① 所谓略式程序，是指就特定的民事案件不经过普通诉讼程序的全部环节，而是采取简略方式，以快速便捷实现权利的特殊程序。

对债权的内容与冻结债权的认定有冲突的部分不应予以执行。与此同时，为保障申请执行人权益、规避虚假诉讼，对可能构成虚假诉讼的情形应积极引导申请执行人提起撤销权诉讼。

七、双务合同中，次债务人对执行债权的抗辩与阻却执行的效果

民事强制执行法草案第151条第2款规定："查封被执行人对第三人享有的交付物或者转移权属的债权的，应当向第三人送达查封令，禁止其交付或者转移权属。"这就确认了执行债权不限于金钱债权，同样确定了物的交付债权的可执行性。在涉及次债务人对被执行人负有金钱给付、种类物或特定物的交付义务时，往往被执行人与次债务人之间存在双务合同关系。在此类关系中，被执行人依照合同规定对次债务人有对待给付义务，例如，在次债务人支付款项的同时需由被执行人开具增值税专用发票，在次债务人履行交付种类物或特定物义务的同时，应当由被执行人支付相应款项。被执行人对次债务人的对待给付义务的履行期限，被执行人的对待给付义务如何履行，次债务人履行的物的交付义务是否经被执行人认可等问题涉及次债务人与被执行人之间的实体权利义务关系认定，以及双务合同履行方面的实体认定。

笔者认为，双务合同中，合同双方多次频繁交易往来情况占比较多，以实践中常见的建设工程施工合同为例，工程款的支付往往根据工程项目的进程分笔计算，双方当事人资金往来频繁，同时涉及工程验收等重要环节，法律关系较为复杂，执行程序中对该类不确定的债权进行一定范围的保全并无不可，执行程序应避免以执代审。此时，当次债务人对债权异议后，不宜通过执行程序对其直接进行认定，执行法院可建议申请执行人通过提起代位权诉讼予以解决。

拒不执行判决、裁定罪的适用困境及破题分析

——以改进拒不执行判决、裁定罪追诉制度为视角

戴煜宸*

债务人的拒执行为在一定程度上影响了良好营商环境的构建和司法权威的进一步树立，削弱了人民群众的司法获得感。实践中，拒不执行判决、裁定罪（以下简称拒执罪）面临适用率低、分类型适用不均衡等问题。为提高打击债务人拒执力度，本文对Z省拒执罪的适用情况进行分析，发现困境源于法律规定不够明确、公检法协同不够顺畅、相关主体优势未有效结合等。对此，本文建议从三个方面对拒执罪刑事立案追诉制度作出改进：平衡刑法谦抑性和拒执打击力度；完善公检法衔接机制；明确“当事人+法院”补充侦查力量。

一、审思：拒执打击不匹配现实需求与拒执罪打击陷入困境

（一）拒执打击尚不满足现实需求

前几年，法院系统开展了覆盖全系统的“基本解决执行难”专项行动，取得了较好成效，基本解决了执行难。但随着拒执打击的进一步深入，拒执行为也随之变化，新类型拒执行为频出，拒执打击力度尚不满足现实需求，拒执行为依旧影响深远。

* 浙江省温岭市人民法院法官助理。

第一，拒执行为不利于营商环境。习近平总书记在中央全面依法治国委员会第二次会议上强调“法治是最好的营商环境”。[①] 法治是推进高质量发展与优化营商环境的重要手段，也是最根本、最稳定的保障。法治化营商环境对市场主体而言，主要表现在纠纷解决过程中权利救济的有效性，落实到执行程序，就是执行程序能够及时实现胜诉主体的合法权益。然而，实践中因债务人抗拒、躲避执行，导致生效裁判执行难问题严峻，胜诉一方的合法权益难以得到充分保障，严重破坏公平稳定的法治营商环境。

第二，拒执行为有害于司法权威。法律被信仰、被遵守的权威性来源于法律将大多数人认可的社会价值观法定化，保护和实现了大多数人的权利。现实中，尚存在因拒执打击力度低导致的“债务人甘于沦为失信人，以失信换实益”的不良现象。部分被执行人、潜在的被执行人将“守信者吃亏、失信者得益”作为自身信奉的价值观念，进一步加深了该部分人群对执行的抗拒，不但使债权人的合法权益得不到实现，而且严重损害司法公信力和法治权威。[②]

第三，拒执行为削弱了司法获得感。虽然人民法院“基本解决执行难”专项行动取得很大成效，但目前债务人的失信行为导致“执行难”问题仍然突出，削弱了人民群众的司法获得感。“广大民众热切期盼党和政府采取有力措施，切实解决社会诚信问题，建设诚信社会，构建诚信制度体系，根除执行难所存在的社会土壤。”[③]

（二）拒执罪打击陷入适用困境

相较于法院民事执行措施，拒执罪在遏制部分债权义务人或相关人员逃避执行、抗拒执行、阻碍执行、暴力抗法及改善执法环境等方面，有着民事制裁手段不具备的优势。拒执行为犯罪化处理能产生积极的法

① 中共中央宣传部、中央全面依法治国委员会办公室编：《习近平法治思想学习纲要》，人民出版社、学习出版社2021年版，第84页。

② 参见徐鹏：《逃避执行依法严惩，司法权威不容损害》，载《法治日报》2021年1月31日。

③ 崔永东：《构建诚信社会的重大举措》，载《光明日报》2016年9月29日。

律效果和社会效果。但实践中，存在以下适用困境。

1. 拒执罪适用数量少、比例小

从Z省法院拒执罪案件数来看①，2018年全省办结执行案件63.2万件，以拒执罪判处434件452人，同比分别上升110.2%和103.6%，占结案数0.069%；2019年全省办结执行案件64.4万件，以拒执罪判处734件833人，同比分别上升69.1%和84.3%，占结案数0.114%；2020年全省办结执行案件59.9万件，以拒执罪判处833件894人，同比上升13.5%和7.3%，占结案数0.139%（见表1）。相比执行结案数的体量，拒执罪案件呈现出案件基数小、适用比例小的现状，并且增长量呈逐年下降趋势（见图1），其中2019年到2020年案件增长量不破百位。

表1 Z省法院执行结案数、拒执罪案件数

类别 \ 年份	2018年	2019年	2020年
执行结案数	63.2万件	64.4万件	59.9万件
拒执罪案件数	434件	734件	833件

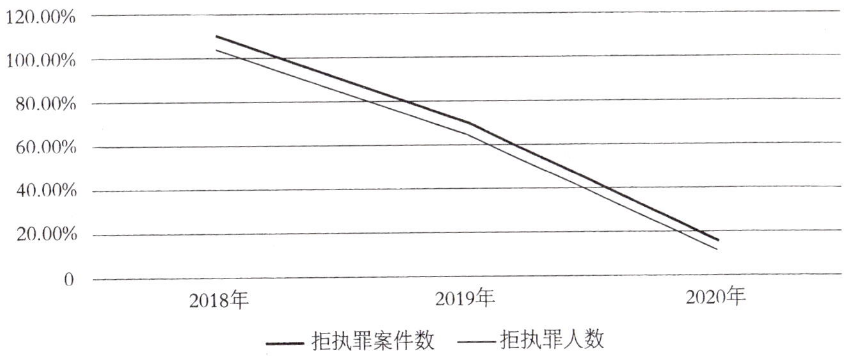

图1 Z省法院拒执罪案件数、人数同比变化情况

① 数据来源于Z省高级人民法院2019年、2020年和2021年工作报告。

2. 拒执罪分类型适用不均衡

通过检索中国裁判文书网，随机抽取 2021 年 Z 省法院 100 件判处拒执罪案件进行分析，发现债务人因大额资金进出拒不申报判处拒执罪的有 33 件、因拒不交付法院责令交付的财产判处拒执罪的有 24 件，而因隐匿拆迁份额判处拒执罪的有 3 件、因购买理财产品判处拒执罪的仅有 1 件（见图 2）。可见，在现行法律制度下拒执罪对因大额资金进出拒不申报、拒不交付法院责令交付的财产等常见典型拒执行为适用比例较大，而对购买理财产品、隐匿拆迁份额逃避执行等非典型拒执行为适用比例较小。

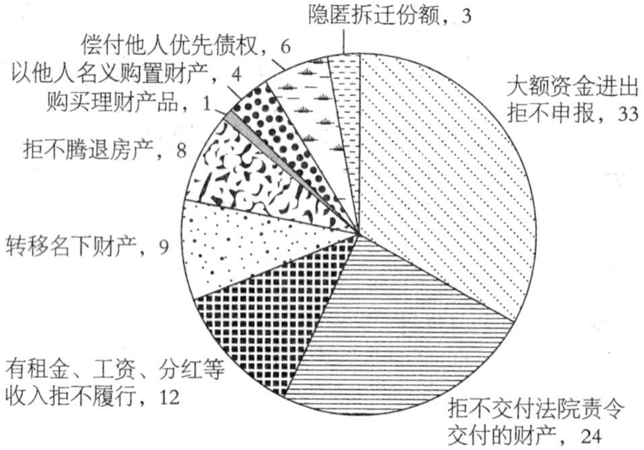

图 2　2021 年 Z 省法院 100 件判处拒执罪案件

3. 对拒执行为采取刑事打击较少

从 Z 省高院公布的数据看，2017 年全省法院对暴力抗法、抗拒执行的人员拘留 3.2 万人，追究刑事责任 236 人；2018 年全省对暴力抗法、抗拒执行的人员罚款 8 万件，拘留 3.3 万人，以拒执罪判处 452 人；2019 年全省法院对暴力抗法、抗拒执行的人员罚款 19.4 万件、拘留 6.6 万人，以拒执罪判处 833 人。① 可见对债务人适用罚款、拘留等简单直接的执行措施比例远高于对债务人的拒执行为的刑事打击比例（见表 2）。

① 数据来源于 Z 省高级人民法院 2017 年、2018 年和 2019 年工作报告。

表2　Z省法院司法拘留人数、拒执罪人数

年份 / 类别	2017年	2018年	2019年
司法拘留人数	3.2万人	3.3万人	6.6万人
拒执罪人数	236人	452人	833人

二、探源：拒执罪适用困境的原因探究

就拒执罪打击依据方面，有刑法第313条、《全国人民代表大会常务委员会关于〈中华人民共和国刑法〉第三百一十三条的解释》以及相关司法解释，例如，《最高人民法院关于审理拒不执行判决、裁定刑事案件适用法律若干问题的解释》增加当事人自诉①，最高人民法院、最高人民检察院和公安部联合下发的《关于依法严肃查处拒不执行判决裁定和暴力抗拒法院执行犯罪行为有关问题的通知》明确了公检法之间密切配合、分权制约的拒执罪立案追诉模式②……但落实到实践层面，存在公检法机关打击拒执犯罪协力不足的问题。究其原因，主要有以下两个。

（一）法律认知不到位

我国刑法第313条规定拒执行为的入罪条件是"有能力执行而拒不执行，情节严重"③，与之对应，《全国人民代表大会常务委员会关于〈中华人民共和国刑法〉第三百一十三条的解释》和《最高人民法院审

① 该解释第3条规定："申请执行人有证据证明同时具有下列情形，人民法院认为符合刑事诉讼法第二百一十条第三项规定的，以自诉案件立案审理：（一）负有执行义务的人拒不执行判决、裁定，侵犯了申请执行人的人身、财产权利，应当依法追究刑事责任的；（二）申请执行人曾经提出控告，而公安机关或者人民检察院对负有执行义务的人不予追究刑事责任的。"

② 该通知第8条规定："人民法院、人民检察院和公安机关在办理拒不执行判决、裁定和妨害公务案件过中，应当密切配合、加强协作。对于人民法院移送的涉嫌拒不执行判决、裁定罪和妨害公务罪的案件，公安机关应当及时立案侦查，检察机关应当及时提起公诉人民法院应当及时审判。在办理拒不执行判决、裁定和妨害公务案件过程中，应当根据案件的具体情况，正确区分罪与非罪的界限，认真贯彻'宽严相济'的刑事政策。"

③ 刑法第313条规定："对人民法院的判决、裁定有能力执行而拒不执行，情节严重的，处三年以下有期徒刑、拘役或者罚金……"

理拒不执行判决、裁定刑事案件适用法律若干问题的解释》对此进行了进一步解释，明确了“有能力执行而拒不执行，情节严重”的具体内涵，一定程度上统一了对拒执行为构成犯罪的认定，但实践中，基于对刑法谦抑性的不同认识，在法律未对相关情形进行明确列明、规定的情况下，长期以来各地法院对非列举范围内的行为是否系拒执罪打击的对象，以及对“有能力执行而拒不执行，情节严重”认定不统一，导致打击尺度宽严不一，对不少非典型的拒执行为难以定罪。

（二）优劣势未互补

1. 当事人有自诉权，但取证困难

法律规定当事人在公安机关不受理后有自诉的权利。当事人向法院自诉，需要自行收集证据达到证据确实充分的状态。相比于公诉案件由公安机关侦查取证，当事人往往缺乏获取证据的途径和专业的证据收集能力。与此同时，由于证据收集的对象是债务人的拒执犯罪行为，其证据收集的难度比一般案件的证据收集更为复杂，因为债务人的拒执犯罪行为往往是隐藏、转移、故意毁损自己名下的财产，具有一定的隐蔽性。同时，对债务人的个人财产调查涉及个人隐私，取证方面存在困难。当事人在对拒执罪案件进行自行取证的过程中，由于缺乏相应的能力使得诸多案件未能达到自诉立案的标准。

2. 法院有调查优势，但职能受限

虽然执行法院熟悉案情，具备调查优势，但一方面作为非法定的侦查机关，法院在调查取证时无专业侦查人员提供侦查智力支持，且受限于职能，调查协助机关对法院的配合程度不如公安机关；另一方面，个别法院内部执行人员能动意识不强，拒执罪案件的启动、推动程序烦琐，执行人员必须承担起发现、侦查和取证等多项工作，同时面临办案压力、错案风险和信访矛盾等困难，使得部分执行人员不愿意投入过多的精力到打击拒执的工作中。[①]

三、出路：完善拒执罪打击推进路径

现阶段，在对拒执罪采取以公诉为主、自诉为辅的追诉模式的基础上，可从以下三方面着手推进。

（一）认定标准方面：平衡刑法谦抑性和拒执打击力度

第一，正确认识刑法谦抑性，合理认定犯罪情形。在司法实践中，需认识到刑法谦抑性在不同的历史条件下应有其不同的内涵和价值取向。随着社会发展和社会文明的进步，人们对某些违法行为的容忍度也在发生变化，是否将某类行为规制为犯罪，在不同时期有着不同的答案。过去规定为犯罪不符合刑法谦抑性的行为，如今规定为犯罪可能更有利于化解矛盾、防范严重后果，也符合谦抑性的目的和要求。[②] 当前离婚、析产或假破产等导致财产转移的行为已严重影响法院生效裁判执行，在符合“有能力执行而拒不执行，情节严重”的情况下，应当对该部分非典型性拒执行为加以规制，以发挥刑法对打击拒执犯罪的积极保护功能。

第二，完善入罪情形标准，加强适用参考引导。统一适用标准，对拒执行为“有能力执行而拒不执行，情节严重”的认定可以采用“纯数额”和“数额+从重情节”的模式。一方面，考虑犯罪数额问题，包括拒不交付财物的价值、给债权人造成的损失等，对达到一定数额的拒执行为定罪处罚；另一方面，拒不执行的对象是特定款物，可以作为认定“从重情节”的条件，如款物是劳动者工资、儿童抚养费或是债权人用于救济、扶贫和大病医疗等特殊款项。立法解释、司法解释对“有能力执行而拒不执行，情节严重”解释得越科学、越具有参考性，就越有利于解决拒执罪难适用的问题。

第三，以不作为模式定罪，正确认识拒执犯罪。对行为人的归责不

---

① 参见田文军：《拒不执行判决、裁定罪追究难问题研究》，载《人民司法》2018 年第 31 期。

② 参见郎胜：《我国刑法的新发展》，载《中国法学》2017 年第 5 期。

是考察其在无责任能力状态下的实行行为，而是行为人故意造成刑事责任能力丧失或降低的行为。行为人的先前行为意味着追求或放任符合犯罪构成要件的结果。① 实践中，被执行人在诉讼中或者诉讼前转移名下财产，导致进入执行程序后法院的裁判无法执行。虽然前期法院未作出生效裁判，但是只要被执行人有明确的主观认识，通过自己的先前行为使自己处于无财产可供执行的状态，在客观上导致生效裁判无法执行，那么被执行人就需承担相应的刑事责任。故对被执行人“有能力执行”的时间点等判断不能绝对化，需通过考察被执行人的主观心态和客观行为再定性。

（二）职权分工方面：合理完善公检法之间的衔接机制

一方面，各地可根据实际情况，积极制定公检法协同打击拒执罪会议纪要或联合公告②，或是当地政法委牵头召开公检法联席会议，进一步明确拒执罪公诉案件的受案标准、流转衔接程序以及各部门的职责分工；抑或是公检法定期召开会议分析研判打击工作中发现的问题，消除分歧，形成聚力。另一方面，为督促公安机关及时立案，发挥检察院对拒执罪案件移送的监督，应当建立关口前移、行之有效的监督机制。

（三）程序保障方面：“当事人+法院”补充前期侦查力量

1. 建立当事人主义调查制度

有计划、有步骤地对我国当前由法院依职权调查所主导的债务人查明机制进行调整，逐步强化当事人在财产调查中的主体地位。③ 当事人作为案件最直接的利益主体，具有对被执行人恶意转移财产行为加以拒执

① 参见安凤德：《拒不执行判决、裁定罪的犯罪构成要素新论》，载《学术论坛》2016年第2期。

② 如2021年12月4日杭州市中级人民法院、杭州市人民检察院、杭州市公安局发布《关于严厉打击拒不执行判决、裁定违法犯罪行为的公告》。

③ 参见百晓锋：《程序变革视角下的终结本次执行程序制度：以〈民诉法解释〉第519条为中心》，载《华东政法大学学报》2015年第6期。

打击的可期待性，如何有效发挥其积极性，建议可以采取以下尝试。一是完善民事调查令制度。在立法上拓宽当事人适用调查令的范围，统一各地对调查令的适用规则，充分发挥当事人在拒执打击中的协力作用。二是组建打击拒执犯罪律师专门队伍。律师作为法律专业人士，对证据搜集具有较高的能力与水平，懂得把握拒执犯罪的证据标准。组建律师专门队伍帮助当事人搜集证据，有助于弥补当事人取证的“短板”。

2. 构建“法院调查+公安智力”共享模式

充分发挥各方资源，以公安侦查智力为支持，并搭配法院执行力量完成拒执罪证据收集。一是公安机关要求复制已由执行法院搜集和固定，证明当事人人身、财产权利受到侵犯的证据，法院应当允许并及时提供，同时法院提供的书证、物证等可直接转化为拒执犯罪认定的刑事审判证据。二是拒执犯罪调查期间，法院可借用公安侦查智力提前收集相关证据。针对被执行人拒执犯罪行为当事人提供证据确有困难的，法院获取证据同样存在难度的，法院可以申请公安机关协助取证，例如，当事人发现被执行人驾驶挂于他人名下的豪华汽车抗拒执行但提供证据困难，法院对该拒执行为亦难以取证的，可以向公安机关申请协助。仍需注意，对被执行人的财产情况和拒执行为调查可能涉及个人隐私，当事人申请取证的，法院需审查合法性、合理性后决定是否申请公安机关提前介入。

结语

在执行工作尚需纵深推进的当下，如何破解拒执罪适用困境，对入罪者应打尽打，对不入罪者应罚尽罚，值得思考。拒执罪既涉及实体层面犯罪认定问题，又涉及程序层面追诉程序启动问题。真正解决拒执罪适用困境并非易事，还需要在实践中不断探索、完善。

【调研与实证】

安徽法院法拍房情况调研报告

安徽省高级人民法院执行局

一、安徽法院法拍房基本情况和特点

（一）基本情况

1. 法拍房挂网情况

2020年1月至2022年9月，全省法院法拍房挂网总数50681套①。其中2020年、2021年、2022年1—9月，分别挂网16271套、18135套、16275套，同比分别增加31.45%、11.46%、19.33%，呈逐年增长态势。人均挂网数量②分别为4.56套/万人、5.09套/万人、4.57套/万人。详见图1。

---

① 文中数据如未单独注明来源均为各市法院报送，其中一拍、二拍、变卖等多个程序仅计算一套。

② 法拍房人均挂网数量的统计口径为法拍房挂牌量/城镇人口，其中城镇人口参考《安徽统计年鉴2021》中的2020年度城镇人口计算。

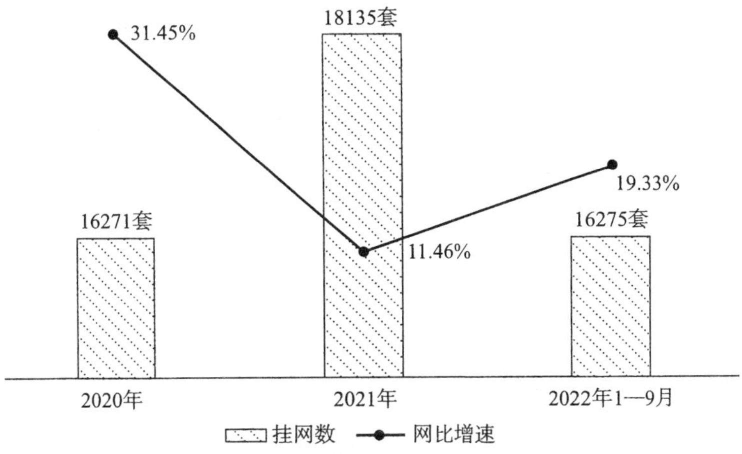

图 1　全省法院法拍房挂网情况

2. 法拍房成交情况

2020 年 1 月至 2022 年 9 月，全省法院法拍房成交总数 15116 套。其中 2020 年、2021 年、2022 年 1—9 月，分别成交 5186 套、6156 套、3774 套，成交率分别为 31.87%、33.95%、23.19%。

3. 法拍房分布情况

2020 年 1 月至 2022 年 9 月，全省法院法拍房挂网数量较多的市为合肥、阜阳、蚌埠，分别为 10169 套、5201 套、4201 套，占比分别为 20.06%、11.86%、9.58%；较少的市为池州、铜陵、黄山，分别为 826 套、960 套、1057 套，占比分别为 1.88%、2.19%、2.41%。

成交数量较多的市是合肥、阜阳、蚌埠，分别为 3785 套、1588 套、1478 套，在全省占比分别为 25.04%、10.51%、9.78%。较少的市是铜陵、池州、宿州，分别为 244 套、317 套、398 套，在全省占比分别为 1.61%、2.10%、2.63%。

4. 法拍房交付情况

2020 年 1 月至 2022 年 9 月，全省法院交付法拍房 14658 套，其中 2020 年、2021 年、2022 年 1—9 月，分别为 5062 套、6056 套、3480 套，交付率分别为 98.63%、98.41%、92.20%。

截至 2022 年 9 月 30 日，全省法院未交付法拍房数量为 518 套。

2020 年 1 月至 2022 年 9 月，未交付法拍房数量较多的市为阜阳、合肥、淮南，分别为 203 套、80 套、72 套。较少的市为池州、黄山、铜陵，分别为 0 套、1 套、1 套。详见图 2。

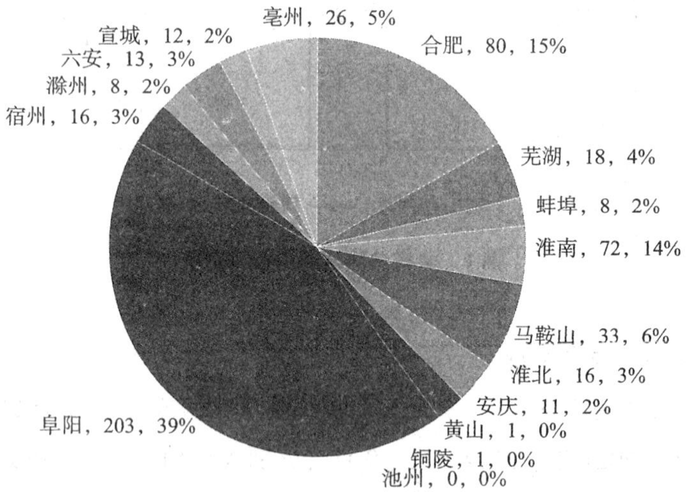

图 2　各市法拍房未交付数量和占比

未交付的原因方面，全省法院未交付的 518 套法拍房中（截至 2022 年 9 月 30 日），被执行人家属拒绝腾空交付的 101 套，占比 19.50%；承租人拒绝腾空交付的 18 套，占比 3.47%；被执行人不配合难以腾空交付的 128 套，占比 24.71%；买受人未及时受领的 51 套，占比 9.85%；法院未查清存在重大瑕疵的 4 套，占比 0.77%；被执行人执行异议正在审查的 18 套，占比 3.47%；案外人执行异议正在审查的 32 套，占比 6.18%；其他原因 165 套，占比 31.87%。详见图 3。

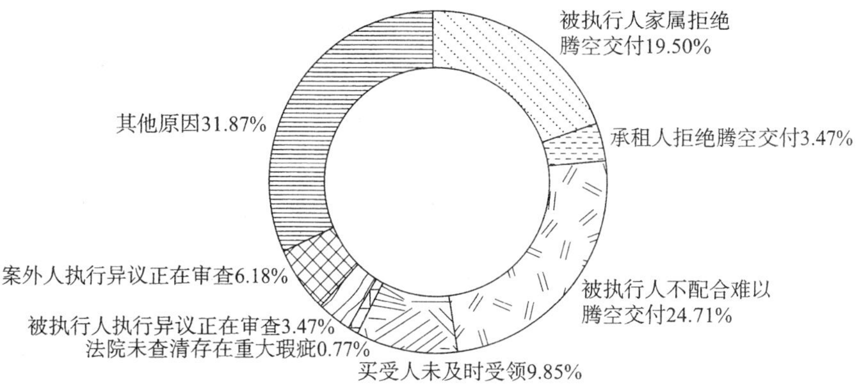

图 3　法拍房未交付的不同原因类型和占比

（二）主要特点

法拍房在执行工作实践中呈现出“两大两高”的特点。

一是房产数量占比大。全省法院 2020 年以来共执行涉及法拍房的案件 86199 件，标的数量在所有拍卖标的中占比 76. 10%，拍卖金额 210. 40 亿元，房产拍卖金额在总拍卖金额中占比 66. 80%。2021 年全省法院网络司法拍卖上拍房产 32321 套次①，仅 2022 年以来已上拍房产 25092 套次。详见图 4。

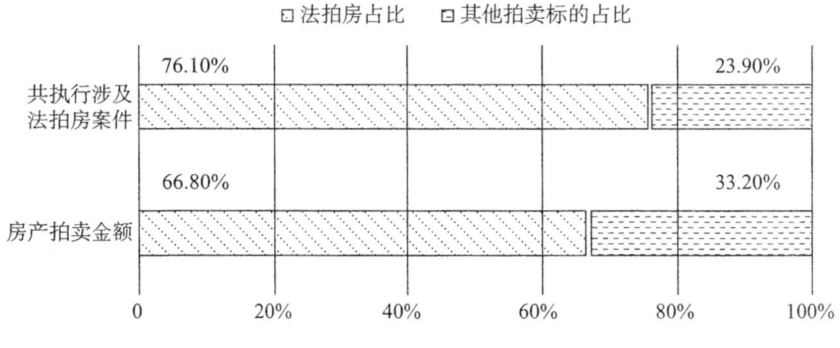

图 4　涉法拍房案件和房产拍卖金额占比

① 套次包含房产历经一拍、二拍和变卖次数之和，具体可理解为一套房产可能体现为几个套次。

二是住宅用房占比大。2020 年 1 月至 2022 年 9 月，全省法院挂网的法拍房中，住宅用房 29218 套，商业用房 19764 套，工业用房 1714 套，在全省占比分别为 57.63%、39.99%、3.38%。

其中，2020 年、2021 年、2022 年 1—9 月，挂网的住宅用房数量分别为 9138 套、10802 套、9278 套，在挂网法拍房总数中的占比分别为 56.16%、59.56%、57.01%；商业用房数量分别为 6530 套、6727 套、6507 套，占比分别为 40.13%、37.09%、39.98%；工业用房数量分别为 603 套、606 套、505 套，占比分别为 3.71%、3.34%、3.10%。详见图 5。

（单位：套）

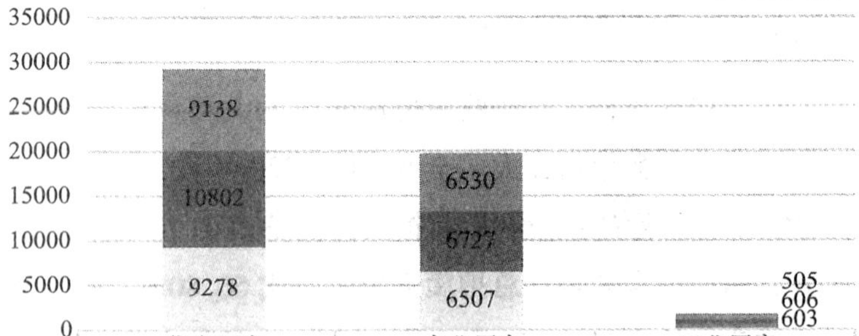

	住宅用房	商业用房	工业用房
2022年1月1日—9月30日	9138	6530	603
2021年度	10802	6727	606
2020年度	9278	6507	505

2020年度 2021年度 2022年1月1日—9月30日

图 5　全省法院法拍房类型分布

三是商业用房流拍率高。住宅用房、商业用房等非工业用房流拍率近两年一直较高。从淘宝网拍平台数据看①，2021 年住宅用房、商业用房、工业用房分别流拍 9943 套次、9497 套次、445 套次②，流拍率分别为 73.90%、90.00%、72.70%，商业用房流拍率明显大于住宅用房和工

① 根据最高人民法院相关规定，全国法院网络司法拍卖需在七个指定平台中选定挂网，其中淘宝网挂网数量占比最大，2022 年 1—9 月全省法院在淘宝网挂网法拍房数量达 32661 套次，占全省法拍房挂网数量的 93.54%。

② 统计口径为该时间段内截拍的住宅用房、商业用房、工业用房标的，根据上拍次数计算。

业用房。2022 年 1–9 月，住宅用房、商业用房、工业用房分别流拍 8734 套次、7212 套次、241 套次，流拍率分别为 79. 10%、92. 60%、74. 20%，三类房产的流拍率均有提高，其中商业用房流拍现象更加突出。从法拍房类型整体看，近两年住宅用房流拍率上升幅度最大，工业用房的流拍率相对较低，说明当前经济环境下安徽工业相对坚挺。

四是申请腾退占比高。全省法院拍卖成交的法拍房，申请强制腾退的比例一直较高，折射出正常交付难问题客观存在。2020 年 1 月以来，全省法院拍卖成交房产 15116 套，成交后申请腾退的 2666 套，占比 17. 64%。其中，拍卖成交住宅用房 11669 套，成交后申请腾退的 2007 套，占比 17. 20%。

二、存在的主要问题和原因分析

（一）存在的主要问题

一是平均成交率不高。2020 年以来，安徽法院房产拍卖成交率均不及 1/3。尤其 2022 年以来，受经济形势影响，全省法院法拍房流拍率较往年进一步增高，成交率显著下滑。全省法院 2022 年 1—9 月的法拍房成交率仅 23. 19%，和 2020 年、2021 年相比均下滑 10 个百分点。从流拍分布情况看，不同地市、不同区位的房产流拍区域性特点明显，如合肥市区范围内瑶海、庐阳流拍率大幅高于包河区、高新区等其他区域。

二是整体溢价率不高。近三年，安徽全省法院房产拍卖溢价率仅略超 10%。2022 年 1 月 1 日至 9 月 30 日，从执行指挥平台数据看，溢价率为 11. 67%，低于 2021 年的 14. 79%和 2020 年的 13. 66%。从淘宝网拍平台数据看，与长三角其他地区相比，鉴于上海法院地域特殊性①不予比较外，与江苏法院 51%的工业用房溢价率、22%的商业用房溢价率，以及浙江法院 47%的工业用房溢价率、24%的住宅用房溢价率相比，安徽法

① 上海法院法拍房成交率在长三角地区始终遥居第一，2020 年法拍房成交率更高达 100%，且溢价率较高。

院法拍房溢价率均显著不高。

三是住宅交付难度高。截至2022年9月30日，全省法院2020年以来拍卖成交的房产仍有518套未交付，其中住宅用房335套。2020年以来，人民法院裁定送达后逾十五天期限未交付的法拍房数量为602套，其中住宅用房裁定送达后逾期十五天未交付的为423套。①

四是涉房产异议率高。2020年1月至2022年9月，全省法院执行异议复议案件24042件，涉房产执行异议复议案件数7048件，占比29.32%。其中，对房产拍卖过程中评估程序、内容、结果提出异议的案件数为330件，其他异议内容主要是款项交纳和交付完成情况。

（二）主要原因分析

1. 关于平均成交率较低问题

一是贷款机制不健全。主要体现在当前法拍房不能在拍卖成交之前办理公积金贷款，开展法拍房贷款业务的银行较少、对接机制不畅、业务流程不明确。二是权益保障不充分。执行法院对房屋现场勘验不精不细，房屋内部结构、质量问题、物业情况等涉及当事人权益内容未全面充分核查，风险的告知不够全面，增加当事人竞拍顾虑。三是登记信息不准确。主要体现在部分老旧房产未及时换证，登记信息不全面、登记地址模糊，导致房屋具体位置、面积存有争议；部分房产有违规加盖、多套房产打通等问题；部分房产系有权属瑕疵的安置房或小产权房；部分涉诉企业土地厂房未办理建设用地使用权证与房产证，影响后期买受方过户。四是起拍价降价幅度低。例如，2021年和2022年1—9月，从淘宝平台数据看，房屋拍卖起拍价折扣率分别为79%、78%，整体折扣率不高，8折以上起拍的标的占一拍流拍标的比例超过70%。

① 拍卖裁定送达后逾十五天期限未交付数量，含截至2022年9月30号仍未交付且逾期十五天以上的情形，也包括虽逾期交付但截至2022年9月30日已经交付的情形。

2. 关于整体溢价率不高问题

一是宏观经济形势的影响。全国住房市场景气度尤其合肥近一年民众购房意愿整体较弱，以及限购政策的从严约束限缩了竞买群体。二是拍卖房产自身因素的不利限制。法拍房的成交价有一定的规律，每套法拍房都有合理的成交价，法拍房的溢价率影响因素主要有市场价、所处区域、景观配套、装修等方面，安徽法院在上述因素方面与长三角地区差距明显。三是税费负担产生的隐性影响。房产交易涉及的土地增值税、印花税和契税等，主要由房屋竞拍人先行垫付，有的法拍房历史欠税问题严重，税费负担会隐含在竞拍报价中。四是部分评估价格存在虚高。确定财产处置参考价的询价评估系统反馈价格波动经常较大，委托评估情形下评估机构为减少当事人对评估结果提出异议，以及出于收取评估费用考虑等，也经常出现评估价格虚高。

3. 关于住宅成交后交付难问题

一是联动协作机制不健全。主要体现在相关单位不愿协助、不敢协助，落实《中央全面依法治国委员会关于加强综合治理从源头切实解决执行难问题的意见》和省切实解决执行难工作领导小组会议精神配合度不高等。二是存在历史占有障碍。突出体现在因长期租约及老人、未成年人、重症病人等弱势群体原因阻碍交付。三是房产质量和现状存有瑕疵。主要体现在竞买人成交后提出法院未查清质量瑕疵或事后改变态度不愿收房。

4. 关于涉房产异议率较高问题

一是关于评估程序、内容和结果。主要体现在当事人对评估机构选定程序不认可、评估报告内容不明确、部分市询价评估系统内无评估机构，以及评估范围涉及登记面积部分和实际占有面积部分、土地部分和地上建筑物部分不一致等。二是关于款项交纳期限。主要体现在拍卖房产尾款交纳期限，以及保证金划入、退还、解冻期限等。三是关于交付时间、标准和效力。主要体现在执行案件终结程序中交付最终状态是否完成的认定等。

三、关于进一步加强法拍房工作的对策建议

（一）进一步健全联动机制

一是紧紧依靠党委领导。各级法院应及时将法拍房交付难等问题向当地党委、政法委和切实解决执行难工作领导小组汇报，提请协调相关政府部门尤其是公安、基层组织、公证机构等参与房产交付腾退，共同制定包含腾退后安置场所、物品运输、警力、医疗、消防、罚款、拘留等在内的强制腾退方案，联合做好腾退风险预案，规范腾退工作流程。二是争取重点联动单位支持。争取不动产登记部门支持，对于老旧房产未及时换证、登记信息不全面、登记地址模糊等问题，协调及时核查确认；对于需分割拍卖的房产，协调加大土地分宗等工作的配合；对于房产违规加盖、多套房产打通等问题，协调核查判定。对于有权属瑕疵的安置房或小产权房，以及涉诉企业土地厂房未办理建设用地使用权证与房产证等问题，协调办理相关权属证书。争取税务部门支持，与税务等部门协商建立数据共享协作机制，一次性解决税费查询、缴纳等问题。对于法拍房历史欠税问题严重，协调当地税务部门商定减免和缓交政策。争取银行机构支持，就法拍房贷款业务加大沟通，推进全省法院“法拍贷”工作指引落地落实。

（二）进一步加强统一管理

一是加大执行财产处置全省统一管理。根据财产处置交付的系统性工作特点，依托执行指挥中心，统筹协调全省网拍工作，进一步集中开展好“6·18”“11·11”全省法院网络司法拍卖节。进一步加大全省法院房产拍卖起拍价降价指导，明确工作要求。二是深化中基层法院一体统筹。加大中院的统筹力度，通过提级执行、指定执行等方式，一体统筹涉房产处置类案件办理，由中院或指定办案力量较强、经验丰富的法院统一开展房产处置工作。三是加大长三角房产拍卖联动。积极落实

《长三角地区法院执行工作“一体化”备忘录》，不断加强跨区域执行财产处置协作，及时与长三角区域法院沟通当地不动产尤其是法拍房限购政策，加强交流沟通，及时推送相关信息。学习借鉴江浙沪等地房产拍卖可复制的做法，优化安徽法院房产拍卖工作实施和管理。

（三）进一步规范司法拍卖工作程序

一是加强规范指引。充分发挥省高院已制定的《关于网络司法拍卖（变卖）的工作指引》《关于执行款物管理的工作指引》作用。制定印发《关于执行财产处置的工作指引》，对被执行财产前期调查作出细化规定，提高房产评估质效，规范参考价确定程序。二是加强评估机构监管。严把评估机构准入“门槛”，对资产评估机构资质进行审核把关，强化对价格评估机构监督管理，建立评估机构“黑名单”制度，对评估事务办理过程进行全方位有效监督。三是规范拍卖辅助工作。加强拍卖辅助工作管理，督促落实省高院管理办法，规范辅助机构协助和受托完成的工作事项、工作程序和制度机制，推进信息化管理。

（四）进一步健全法拍房贷款机制

一是推进“法拍贷”工作指引落地见效。进一步确定若干家金融机构，对意向竞买人提供贷款业务，扩大“法拍贷”实质对接运行范围。二是协调网拍平台提供贷款服务。省高院和各市法院共同推进人民银行、银保监会（金融监管局）重点选定部分金融机构与网拍平台合作，或网拍平台自身提供法拍房贷款业务，实现“法拍贷”业务线上办理、线上监管。

（五）进一步保障成交房产腾退交付

一是坚持以房产腾退为上拍原则。进一步加强省高院制定印发的房产腾退指导意见的落实，科学有效开展房产腾退工作，加大强制腾房力度，加大对全省法院指导督促。二是加大房产腾退交付的综合保障。各级法院应加大内部各部门全面参与力度，切实实现人员、车辆、后勤、法警等部门的综合保障，联合制定腾退细节、舆情风险管控等基本工作方案。三是加大房产腾退中法、理、情的考量。保障被执行人及其需尽扶养等义务的家属的基本生活，考虑其特殊身体、心理状况，进行情绪疏导和宽慰，尽可能减少不利影响。同时把迁出与安置结合起来，把强制腾退与安抚工作结合起来，多措并举，力求以最短时间、最小伤害、最好效果完成涉案房产的腾退工作。

（六）进一步加强司法拍卖宣传

充分利用电视、报纸等传统媒介宣传，同时不断扩展互联网、自媒体、公众号、微博等新媒体的推广宣传。不断扩大知悉司法拍卖、关注司法拍卖的人群，不断提高安徽法院“6·18”和“11·11”网络司法拍卖节的知名度。拍卖过程全程公开，接受外界监督，倒逼司法拍卖规范、高效进行，切实维护当事人和买受人的利益，提升司法拍卖公信力和人民群众获得感。

重庆法院网拍住宅情况分析与思考

王 彦* 周 禅** 赖 力***

2019年以来（截至2022年8月30日），重庆法院网拍挂牌数量37965次，其中住宅（含车位）网络司法拍卖挂牌数为24769次，占比65.24%。2019年、2020年、2021年每年挂牌数量分别为6448次、6223次和6741次，2022年1月至8月挂牌数量为5357次。

一、基本情况

2019年挂牌数6448次中，成交占比70.86%，流拍占比13.79%。其中，一拍成交占比46.28%，二拍成交占比20.64%。全部成交记录中超过评估价的占比12.52%、低于评估价的占比86.50%，成交均价为评估均价的79.37%。就一拍而言，成交均价为评估均价的85.53%，成交价高于评估价的占17.43%。

2020年挂牌数6223次中，成交占比72.02%，流拍占比12.66%。其中，一拍成交占比50.14%，二拍成交占比19.38%；成交记录中超过评估价的占比8.84%、低于评估价的90.36%，成交均价为评估均价的79.84%。就一拍而言，成交均价为评估均价的84.81%，成交价高于评估价的占11.83%。

* 重庆市高级人民法院执行局副局长，执行监督处处长。
** 重庆市高级人民法院执行局管理处副处长。
*** 重庆市高级人民法院执行局管理处法官助理。

2021 年挂牌数 6741 次中，成交占比 64. 93%，流拍占比 11. 96%。其中，一拍成交占比 42. 23%，二拍成交占比 19. 02%；成交记录中超过评估价的占比 10. 94%、低于评估价的 88. 30%，成交均价为评估均价的 80. 00%。就一拍而言，成交均价为评估均价的 85. 60%，成交价高于评估价的占 16. 16%。

2022 年 1 月至 8 月，挂牌数 5357 次，成交占比 50. 06%，流拍占比 33. 88%。其中，一拍成交占比 25. 85%，二拍成交占比 20. 22%；成交记录中超过评估价的占比 3. 84%、低于评估价的 95. 49%，成交均价为评估均价的 73. 64%。就一拍而言，成交均价为评估均价的 81. 30%，成交价高于评估价的占 6. 86%。详见表 1。

表 1　重庆市 2019 年以来住宅（车位）司法网络拍卖情况

年份	一拍挂牌数	一拍成交	二拍成交	变卖成交	流拍占比	一拍成交均价/评估均价	成交均价/评估均价
2019	6448	2984	1331	254	13. 79%	85. 53%	79. 37%
2020	6223	3120	1206	156	12. 66%	84. 81%	79. 84%
2021	6741	2847	1282	248	11. 96%	85. 60%	80. 00%
2022（截至 8 月）	5357	1385	1083	214	33. 88%	81. 30%	73. 64%

二、特点分析

一是挂牌拍卖数量稳定。根据掌握数据分析，绝大多数每次挂牌房产为单套，因此，2019 年至 2021 年，重庆法拍房年挂牌数保持在 6200 至 6800 套之间。通过网络司法拍卖流入房产交易市场的房产数量近年来总量保持平稳。2022 年以来，由于商品房市场总体低迷，司法拍卖的房产挂牌数有所上升，但前 8 个月挂牌总量为 5357 套，依然低于 2021 年总量的 80%。总体而言，进入房地产市场法拍房量级远远小于正常市场成交量（以2021年为例，重庆市全市商品住宅销售面积4945.42万平方米）。可以认为，法拍房交易对房地产市场整体影响有限。

二是位于主城区房产数量较多。重庆市38个区县中，位于主城九区（渝中、渝北、南岸、巴南、江北、北碚、大渡口、沙坪坝、九龙坡）房产数量较多，与地区经济活跃程度基本一致。以2021年为例，挂牌数6741中2822次拍卖房产位于主城九区，占比41.86%。次数最多的区为渝北区，数量806次，明显高于数位位于第2至第5次序的地区（九龙坡400次、南岸376次、綦江359次、江北323次）。

三是拍卖成交率保持在七成左右。2019—2021年，在法拍房年挂牌总量基本持平的情况下，年拍卖成交率保持在65%~72%之间，流拍占比仅11%至第14%，其余14%~24%为以物抵债、暂缓、中止、撤销拍卖等程序性终止网络拍卖的情况。每年拍卖成交率中，一拍成交率保持在40%~50%之间，二拍成交占比在19%~20%之间，变卖成交占比在2%~4%之间。

四是成交价位于参考价八成左右。就成交价与参考价关系而言，拍卖总体成交均价占参考均价的80%左右。因一拍成交的拍卖中，成交价高于参考价的占比11%~17%，故一拍成交均价占参考均价的85%左右，高于平均水平。该数据一定程度上反映出拍卖中参考价普遍略高于成交价的现状。总体而言，该数据符合现行网络司法拍卖工作特点，处于合理区间。

五是2022年受市场行情影响明显。2022年以来法拍房挂牌数量上升，成交率和成交价格下降明显，1月至8月，重庆法拍房总体成交率由65%以上下降至50%，成交均价占参考均价的比值由80%下降至73%。其中，一拍成交率由以往的40%以上下降至25.85%。成交均价占评估均价的比值由85%下降至81%，一拍成交价高于评估价的占比由以往的11%以上下降至6.86%。相应地，司法拍卖流拍率有所上升。2019年至2021年流拍率稳定在12%上下，2022年1月至8月流拍率总体达到了33%，大幅高于往年。

三、存在问题

一是地方法院对司法网络拍卖数据掌握不全面。目前，各地司法网络拍卖成交数据（包括住宅等不动产司法拍卖数据）全部由最高人民法院统一汇总管理，地方法院除掌握本地执行案件涉及的执行标的外，无法全面掌握外地法院对辖区财产的处置情况，以及相关的数据统计。就地方法院掌握本地数据而言，由于执行案件办理中主要关注被执行财产的拍卖变价程序和执行标的兑现等问题，对司法变价涉及财产如商品房类别的执行标的物进行详尽的统计分析有一定难度。

二是对网络媒体相关舆论引导主动性不强。2021 年以来，针对网络司法拍卖的社会新闻层出不穷，例如，网络自媒体传播重庆法拍房数量每年达五六万套，位居全国城市之首，并揣测传言某地区抵押贷款大面积断供，房地产市场面临危机，等等。由于案件办理的专业性要求，执行财产的司法拍卖程序由人民法院按照“一案一处理”的原则由合议庭决议处理。与财产变价处置相关的具体工作，往往由专业网络拍卖平台以及辅助拍卖机构进行办理。总体而言，人民法院正面回应网络媒体对法拍房的相关信息有所欠缺。

三是司法拍卖成交率的下降导致执行兑现率下降，执行难度增加。促进执行财产的网络司法拍卖成交率提高一直是执行工作关注的重点，较高的成交率保证了执行财产的及时变价，有利于促进执行兑现，保证胜诉人权益。2022 年以来，由于经济下行压力增大，重庆住宅房产的网络司法拍卖成交率、成交价都出现了较为明显的下降，这是公开拍卖机制对市场的正常反映。尽管如此，因财产变价成交价格偏低，被执行人对司法变价相关措施的配合度、积极性降低，一定程度上增加了执行兑现、执行和解和财产交付工作的难度，对当前执行工作提出了新的挑战。

四、思考建议

一是加强信息化数据库建设，建立地方法院司法拍卖相关数据库。

坚定“一性两化”中信息化建设方向，开放全国信息数据管理权限，进一步完善执行中财产处置相关数据口径的规范，细化信息录入和统计分析，促进系统功能升级。进一步规范司法拍卖辅助机构的管理，提升其执行财产信息录入和处置情况反馈的功能发挥。持续强化法院之间的协作，加强信息共享，建立完善定期数据搜集和分析工作机制，重视网络司法拍卖相关数据论证和分析研判，为执行工作评价提供数据支持。

二是强化数据分析和运用，探索创建法拍房市场景气指数、价格指数。网络司法拍卖竞买信息直接反映了房地产交易市场行情。在直接性、实时性上较相关行政主管部门更有优势。地方住房建设主管部门也多次表达共建数据接口分析，甚至有帮助开展信息化建设的意愿。而该项数据也是法院拥有的较少可直接服务经济社会发展大局的难得资源。因此，建议探索创建法拍房市场景气指数、价格指数等，按年度、季度、月度等频次向党政机关、统计机关等部门以及社会进行推送，服务发展决策，服务经济社会发展。

三是优化拍卖参考价的采集形成机制。当前拍卖参考价主要有询价、评估价等方式。建议对该两类参考价来源与网络司法拍卖的成交价形成关联。通过成交价与参考价的对比，对参考价是否符合实际形成验证参考。具体而言，成交价形成后可以及时推送给评估机构，对后续同地域同类房产评估形成参考；成交价还可以和询价来源价格比对，为后续同地域同类房产询价形成参考。此外，成交价与评估价的比对情况，可以对评估机构的规范性、专业性形成参考评价，为评估机构的规范管理形成参考。

四是加强内外联动协作，营造执行工作良好社会环境。进一步加强与行政、新闻媒体相关部门联系协作，共建共享大数据平台，持续推进一体化综合治理执行难体系建设。采取适当方式向相关部门通报执行中涉及相关部门的财产处置情况。在重要时间节点，积极联系主流新闻媒体，采取加强宣传报道、主动召开新闻发布会等方式，及时向社会传递真实的司法财产处置信息。

【执行管理和信息化专题】

江苏南通海门法院创新“五化五协同”机制打造智慧执行

江苏省南通市海门区人民法院课题组*

近年来，江苏南通海门法院全面落实《最高人民法院关于加快建设智慧法院的意见》《江苏省高级人民法院执行指挥中心实体化运作“854 模式”升级版工作导则》，坚持技术创新和制度创新双轮驱动，充分应用大数据、云计算、人工智能等技术，着力构建符合新时代高质量司法要求的智慧执行体系，促进执行工作全面提质增效。2022 年，办结各类执行案件 8219 件，执行到位金额 12.67 亿元，执行平均用时同比减少 23.45 天，有财产可供执行案件法定审限内结案率 100%。人民群众对执行工作满意度大幅提升。

一、全流程无纸化协同，筑牢执行信息数据基础

高标准建设集中扫描中心、数据处理中心、集中送达中心、案件材料中间库，不断升级数据工场，实现电子卷宗动态同步生成、内部信息资源共享、外部信息资源共联，为执行信息“全链条可监管、全节点可查询、全进程可预期，全流程可追溯”打下坚实基础。一是多源化数据采集。在首次执行谈话阶段，采用模块化、表格化、辅助化设计的谈话

* 课题主持人：郭建雷，江苏省南通市海门区人民法院党组成员、副院长。

系统，一次性形成包含送达信息、收款账户、财产线索等20余项内容的标准化笔录，申请执行人电子签名后自动存入系统。立案时，所有纸质材料集中扫描后引入办案系统，依托OCR识别技术，自动提取、回填、校验案件信息，进行数字化存储、编辑。立案后，通过系统对接、数据下行的方式，从审判系统、“总对总”“点对点”查控系统、人民法院拍卖平台、移动微法院等关联系统中实时收集整合数据，进一步充实案件电子信息。二是多维度数据应用。依托收集的案件信息，在执行实施中，充分利用关联案件共有信息和关联案件线索自动推送功能，深入挖掘、分析及构建案、人、物、行踪四类数据映射关系，发现并推送潜在案件、人员及财产线索、行踪线索，预估可执行资产总额，形成对被执行人的“精准画像”，出具被执行人履行能力分析报告，辅助法官研判、决定执行方法，促进多案同结。三是多功能数据展现。执行中逐步形成的电子材料随时精准挂接入卷，执行人员可随时在办公系统、移动终端同步浏览案件信息、查阅关联案件电子卷。院局长可通过执行音视频录入统一管理系统，随时调看执行现场情况，确保规范执行。执行标的物管理系统便利院局长实时调阅查封、冻结、处置情况，杜绝消极执行、选择性执行、财产长期不处置问题，实现对所有案件任务进程的透明化管理。结案后，电子卷一键自动整理、编目、成卷、批量转档，为电子卷宗深度应用夯实基础。

二、全业务标准化协同，实现执行事务集约办理

按照“分段集约”工作思路，充分发挥执行指挥中心的枢纽功能，实行“分权、分流、分段、分工”，精准“定人、定岗、定责、定时”，实现分案前事务工作批量化操作，彻底改变“一人包案到底”的传统工作模式，实现“最强大脑”和“最强团队”的有机组合。一是一键文书生成。针对事务性工作可集中操作等特点，依托立案信息数据转化，系统可自动抓取案件信息回填至文书模板，一键批量生成执行总裁定、报告财产令等119种程序性文书并自动签章，准确率达100%。系统内嵌

“7+N 谈话日期”生成规则，将执行人员、谈话时间、地点信息自动导入文书模板，生成执行传票，实现批量排期、接待来访。生成的文书自动推送至“支云送达中心”实施在线送达，数据实时可溯，送达回执自动入卷，实现海量文书制发的快速处理。二是批量财产查控。对“总对总”系统、不动产中心、车辆管理部门反馈的财产信息自动归类汇总，将被执行人名下金融资产、不动产、股权等财产信息“全景式”同屏展现。指挥中心专员对可线上查控的财产，一键批量冻结、续冻，对需传统查控的财产，自动提取不动产坐落、面积、抵押情况，机动车号牌、品牌等信息回填至查控文书，批量发送指令至查控端口。三是精准繁简分流。分案系统可自动提取集约化事务办理数据，根据电子卷中案由、标的额、保全情况、查控情况等要素，批量筛选形成有足额财产可供执行的案件、有财产需要处置的案件和存在多件终本程序的关联案件清单，根据预设的繁简案件识别算法精准分流。2022 年，通过程序类型判别，程序自动筛选出近 400 件速执案件、800 余件终本关联案件，有效促进了简案快执、繁案精执、难案攻坚。

三、全保障移动化协同，促进执行措施便捷实施

精心打造五类技术服务功能，聚焦数据融通、系统融合，形成以“人”为核心服务，以“案”为工作锚点，以“技术”为突破方向的信息应用生态，为执行干警提供全天候信息化服务和保障，助力执行实施更安全、更便利。一是配备移动终端实现科技赋能。为执行团队配备“移动执行包”，内含平板电脑、无线打印机等智能终端设备。通过平板电脑与中间库数据对接，可实现电子卷宗在外实时查看、执行文书现场打印、执行笔录电子签名、影音证据即时回传等功能。为执行干警安装支云谈话系统，可自选生成虚拟背景，执行谈话全程录音录像，线上确认笔录自动存档。移动办案终端的推广使用，实现了中间库数据与现场办案信息的双向传导，线上线下同步、办案过程透明，彻底打破执行实施工作的时空限制。二是强化网拍管理加速财产处置。始终坚持“有财

尽处”原则，充分应用信息化手段，延伸网拍服务，提高财产处置效率。运用 5G+VR 技术云看样，竞拍人可通过移动终端全景看样，提高拍卖资产的变现率。玉石、饰品、电子设备等小额拍品成交后，买受人可线上签署成交确认书和委托邮寄书，缩短财产处置周期。对于拍卖结束后的缴税、过户等流程，联合税务部门开辟专门窗口快速办理，有效提升司法网拍公信力。2022 年，共计拍卖 1954 件拍品，在线交付小额动产 1224 件，成交率达 94.42%，成交金额 2.56 亿元。三是建立联动网络形成执行合力。打通执行办案系统与区域网格管理平台数据通道，实现执行员与网格员实时联系对接，执行人员可向全区 900 名网格员推送调查、送达、见证等六项协助执行事项指令。网格员线下调查后，直接将影音、文字等执行成果资料回传执行办案系统。连接执行指挥平台与交警指挥系统，利用集成指挥系统对查扣车辆进行精准布控，有效解决机动车“查封易、扣押难”顽疾。

四、全操作智能化协同，辅助执行监管规范运行

在高度平台化、数字化基础上，不断完善整体协调、全时可视、精准精细的质效监督方式，依托大数据分析，全面统筹办案质量、效率和效果，形成“横向到边、纵向到底”的案件监管体系，利用人工智能最大限度消除监管空白。一是高效团队协作。坚持需求导向，自主研发“一键式智能协作模块”。该模块可自动整合案件信息，将财产保全、查封顺位、委托执行、执行标的情况形成一览式案情简报，推送给执行实施团队，便于执行法官快速研判案情，制定和部署执行方案。团队成员间可一键发布团队任务、提醒重要事项、查阅任务进展，提高任务“一次交办率”。指挥中心负责人可根据数据留痕，精准实施审判管理。2022 年，通过该模块累计向执行实施团队推送案情简报 4000 余份，发布任务 3500 余条，有效提高团队间办案效率。二是优化流程监管。为提升流程节点的统筹管理，自主研发执行数据动态展示系统。该系统可将各项数据生成直观图表模型，利用图形处理、计算机视觉及动画显示，实现全

局执行案件工作动态、汇总动态、节点动态、期限预警、案款预警等信息的可视化展示，同时支持与执行信息管理系统数据的无缝对接，实现数据反查，院局长对全局案件深度监管，实现案件流程监管标准化、透明化。三是严格终本核查。建立终本案件电子台账，构建结构化信息与卷宗材料双重校验规则，对终本案件实行双重核查，把牢结案终本“出口关”。在案件终本结案时，智能标记案件特征，实行分类管理，确保划扣工资、劳动争议、交通肇事、“三费”纠纷等涉民生案件及时恢复执行。终本结案之后，由终本组每六个月对终本案件发起网络查控，发现被执行人证券、银行存款、不动产等财产线索后，立即恢复办理处置。除系统筛查被执行财产线索外，终本组定期深入挖掘数据关联，实现终本管理智能化核查。2022年，海门法院有财产可供执行案件法定期限内结案率为100%，执结率92.83%。

五、全领域一体化协同，推动“执转破”模块整合

以执行信息化、智能化建设为基础，创新“执破融合”数据协同流转机制，为休眠企业有序“退场”和执行终本库有效“瘦身”建设一条“快速路”。2022年，移送执转破案件80件，审结75件；审理平均用时76天，同比缩短27天。一是流程协同，优化案件流转机制。精准筛查“准破产”企业，通过涉企执行终本案件关联查询，实现对被执行企业信息自动抓取、统计，精准识别“无产可执”企业并筛选出库；高效移送“执转破”审查，在综合管理信息系统中集成案件“一键移送”功能，出库执行案件电子卷按照企业自动汇总，在执行、立案、破产办案系统内一键流转；全面反馈“破产后”数据，畅通案件信息反馈通道，被执行企业宣告破产后，相关案卷及文书信息自动回传执行部门进入执行卷，及时终结关联终本案件。二是内外协同，提升管理人监管水平。破产案件办理进度节点化跟踪，自动标记流程节点，及时提醒法官跟踪管理人办案进度。目前，系统设置流程10个，可满足大部分破产案件管理人监督需要；破产资金流转动态化控制，系统可设置破产企业管理账户转账

限额，大额用款需线上审批，有效降低资金使用风险；管理人履职情况可视化监督，系统自动对管理人履职情况进行汇总，法院可据此对管理人履职情况进行量化考核，将考核结果作为管理人报酬结算及管理人级别调整的依据。三是技术协同，完善程序事项解决策略。建立法院及管理人文书模板库，梳理制作首批60套破产法律文书样本，实现破产法律文书“系统一键生成”；以支云在线诉讼平台等线上会议形式召开破产债权人会议，克服债权人参会时空限制；利用执行系统“查人、找物、扣账册”功能优势，执行查控信息一并移送破产，为管理人提起追缴股东出资、清算责任诉讼提供依据。

【最高人民法院案例与解析】

共同申请执行人之一指定另一方收取执行款，未对执行当事人身份地位变更的，执行回转时是否应将其列为被执行人

——粤垦公司与电白二建公司执行行为异议纠纷执行监督案

邵长茂* 薛圣海**

【裁判要旨】

生效裁定确认已执行债权金额超过执行依据确定金额的，可以参照执行回转的规定执行差额部分。共同申请执行人之一以债权转让为由指定另一方收取执行款，但未在执行程序中通过变更、追加当事人程序对申请执行人的身份地位进行变更的，仍属取得财产的申请执行人，在执行回转案件中，负有财产返还义务。

案号：（2020）最高法执监506号

合议庭成员：邵长茂、徐霖、熊劲松

关键词：执行 执行回转 变更申请执行人

相关法条：《最高人民法院关于人民法院执行工作若干问题的规定

* 最高人民法院信息中心副主任，法学博士。

** 最高人民法院执行局协调指导室负责人。

(试行)》第65条①,《最高人民法院关于民事执行中变更、追加当事人若干问题的规定》第9条

【案情摘要】

电白二建和坤龙公司共同申请执行粤垦公司建设工程施工合同纠纷一案，广州海事法院执行过程中，电白二建提供情况说明将共有债权全部权益转让给坤龙公司并由坤龙公司收取全部执行款。坤龙公司收到执行款项后，对执行标的金额提出异议复议。广东省高级人民法院复议裁定确认履行金额已超过依据生效文书确定金额。执行法院依据上述复议裁定立案执行回转，并认为电白二建将共有债权及全部执行款权益转让给坤龙公司，属于对自身实体权利的处理，并未退出执行程序，而将其列为被执行人。广东省高级人民法院认为电白二建已经转让债权，并未在执行程序中实际取得执行款，不负有返还义务，不应列其为被执行人。粤垦公司不服，向最高人民法院申请执行监督。

中华人民共和国最高人民法院
执行裁定书

(2020)最高法执监506号

申诉人(申请执行人)：广州市粤垦房地产开发有限公司。住所地：广东省广州市天河区燕岭路120号。

法定代表人：王某，该公司执行董事。

委托诉讼代理人：孙某燕，广东国智律师事务所律师。

委托诉讼代理人：陈某彤，广东国智律师事务所律师。

被执行人(原复议申请人、异议人)：广东电白二建集团有限公司。住所地：广东省茂名市电白县水东镇新湖街93号。

---

① 该解释已于2020年修正，此处法条对应第49条。

法定代表人：崔某基，该公司总经理。

被执行人（原复议申请人、异议人）：广州市坤龙建筑安装工程有限公司。住所地：广东省广州市越秀区大新路 278 号。

法定代表人：郑某桂，该公司总经理。

申诉人广州市粤垦房地产开发有限公司（以下简称粤垦公司）不服广东省高级人民法院（以下简称广东高院）（2020）粤执复 722 号执行裁定，向本院提出申诉。本院受理后，依法组成合议庭进行审查。本案现已审查终结。

广州海事法院在对广州市坤龙建筑安装工程有限公司（以下简称坤龙公司）、广东电白二建集团有限公司（以下简称电白二建）与粤垦公司建设工程施工合同纠纷一案执行回转过程中，于 2020 年 3 月 12 日作出（2020）粤 72 执 159 号执行裁定，要求坤龙公司、电白二建向粤垦公司返还 11473067.94 元（利息暂未计算），同月 18 日还作出（2020）粤 72 执 159 号之一执行裁定，冻结被执行人坤龙公司、电白二建银行存款 11473067.94 元。电白二建、坤龙公司对广州海事法院作出的（2020）粤 72 执 159 号执行裁定不服，以电白二建不是执行回转中适格的被执行人为由提出异议，请求：1. 撤销（2020）粤 72 执 159 号执行裁定；2. 解除对电白二建广西交通银行账号 4510××××3321 的 11473067.94 元的冻结措施；3. 确认电白二建非（2020）粤 72 执 159 号案中的被执行人。

广州海事法院查明，就坤龙公司、电白二建与粤垦公司建设工程施工合同纠纷一案，最高人民法院于 2012 年 12 月 6 日作出（2010）民一终字第 66 号民事判决，判决如下：一、维持广东高院（2009）粤高法民一初字第 1 号民事判决第一项、第四项、第五项；二、变更广东高院（2009）粤高法民一初字第 1 号民事判决第二项为：粤垦公司应在该判决发生法律效力之日起 15 日内向坤龙公司、电白二建支付工程款 60148100.63 元及利息（按年利率 7.2%计算，2006 年 11 月 7 日之前分段计算利息详见一审判决附表，2006 年 11 月 7 日起则按欠款额 60148101.63 元计息至还清款之日止）；三、变更广东高院（2009）粤高法民一初字第 1 号民事判决第三项为：粤垦公司应在该判决发生法律效力之日起15日内向坤龙公司、电白二建支付机械停滞费、工人停窝工损失20406574.72元。一审案件本诉受理费、反诉受理费、鉴定费，按照一审判决执行。二审案件受理费611712.74元，由坤龙公司、电白二建负担550541.74元，粤垦公司负担61171元。该判决于2012年12月19日发生法律效力。

2015年4月9日，广州海事法院立案执行，并于同日作出（2015）广海法执字第159号民事通知书，通知粤垦公司：依据《中华人民共和国民事诉讼法》第二百四十条的规定，责令粤垦公司按照上述判决书履行义务，向坤龙公司、电白二建给付工程款60148100.63元及利息，机械停滞费、工人停窝工损失20406574.72元，迟延履行期间的债务利息及诉讼费、鉴定费、申请执行费等。

电白二建向广州海事法院提交的其于2015年5月23日出具的情况说明显示，电白二建已将（2010）民一终字第66号民事判决中确认为坤龙公司与电白二建共有的债权及其他全部权益，全部转让给了坤龙公司。（2010）民一终字第66号民事判决执行案件中，全部执行款项的权益均为坤龙公司所有，请广州海事法院将全部执行款直接支付给坤龙公司。嗣后，粤垦公司已按照（2015）广海法执字第159号民事通知书的要求履行完毕。

2019年6月13日，广州海事法院通过银行转账方式将该院核定的执行标的金额197893607.50元拨付给坤龙公司。坤龙公司对上述执行标的金额提出书面异议，广州海事法院受理后于2019年6月26日作出（2019）粤72执异17号执行裁定，裁定驳回坤龙公司的异议请求。

坤龙公司对上述裁定不服，向广东高院申请复议，广东高院于2019年10月9日作出（2019）粤执复453号执行裁定，认定执行标的金额由四部分组成：一是债务本金80554675.35元；二是迟延履行前的债务利息37221997.12元；三是迟延履行期间的债务利息67612696.09元；四是应由粤垦公司负担的诉讼费用1031171元，合共186420539.56元。粤垦公司支付执行款198258901元。减除申请执行费265293.50元后，被执行人支付的款项已足以履行全部执行债务，原审法院确认本案全部执行完毕并无不当。故驳回坤龙公司的复议申请，维持广州海事法院（2019）粤72执异17号执行裁定。

因广东高院以（2019）粤执复453号执行裁定核定本案执行标的为186420539.56元。粤垦公司于2020年3月6日向广州海事法院申请执行回转。广州海事法院立案受理，案号为（2020）粤72执159号。

2020年3月12日，广州海事法院作出（2020）粤72执159号执行裁定，裁定坤龙公司、电白二建应在该裁定生效之日起7日内向粤垦公司返还11476067.94元（利息暂未计算），并于3月18日作出（2020）粤72执159号之一执行裁定，裁定冻结坤龙公司、电白二建银行存款11476067.94元。

广州海事法院认为，本案的争议焦点在于电白二建是否为执行回转中的被执行人。根据已查明事实，电白二建、坤龙公司依据最高人民法院（2010）民一终字第66号民事判决申请执行。作为上述案件申请执行人的电白二建向广州海事法院提交了情况说明，指示将其与坤龙公司共有的债权及全部执行款项的权益转让给坤龙公司，属于对自身实体权利进行的处理。广州海事法院根据该情况说明已将执行款197893607.50元拨付给坤龙公司，视为电白二建、坤龙公司领取了上述执行款项。因广州海事法院核定的执行标的197893607.50元已被广东高院以（2019）粤执复453号执行裁定变更为186420539.56元，粤垦公司申请执行回转符合法律规定。电白二建、坤龙公司主张电白二建未收到任何执行款，不是执行款的受领主体，并非执行回转中的适格被执行人，缺乏事实和法律依据，广州海事法院不予支持。综上，电白二建、坤龙公司提出的撤销（2020）粤72执159号执行裁定、解除对电白二建银行账户的冻结措施，以及确认电白二建非（2020）粤72执159号案中的被执行人没有事实和法律依据，广州海事法院不予支持。2020年5月28日，广州海事法院作出（2020）粤72执异19号执行裁定，依照《中华人民共和国民事诉讼法》第二百二十五条以及《最高人民法院关于人民法院办理执行异议和复议案件若干问题的规定》第十七条第一项的规定，裁定驳回电白二建、坤龙公司的异议请求。

坤龙公司、电白二建不服，向广东高院申请复议，请求：1. 撤销（2020）粤72执异19号执行裁定；2. 撤销（2020）粤72执159号执行裁定；3. 解除对电白二建广西交通银行4510××××3321账号11473067.94元的冻结措施；4. 确认电白二建非（2020）粤72执159号案中的被执行人。理由如下：坤龙公司与电白二建多次向广州海事法院提交《情况说明》，也在执行过程中多次在执行笔录中表示，（2010）粤民一终字第66号民事判决中判项所确定的工程款及执行过程中形成的执行款均为坤龙公司所有，电白二建已经将案涉工程的所有权利转移给坤龙公司。广州海事法院在确认上述事实后，直接将执行款转入坤龙公司的账户中，电白二建未收到任何执行款，电白二建并非执行回转中的适格被执行人。即使执行款多给了，也是由坤龙公司承担，不可能由电白二建承担。电白二建不可能在一分钱执行款都没收到的情况下，还要倒给出去1000多万元。从实体上讲，电白二建不存在不当得利的返还义务，不能成为执行回转中的被执行人。广州海事法院既然认可了电白二建不是执行款的受领主体，直接把执行款给了坤龙公司，电白二建自然也不是相应金额的返还主体。广州海事法院不能将自己错误计算执行款产生的返还责任，推卸追加到没有收过一分钱执行款的电白二建身上。从实体法上讲，电白二建并没有返还的义务。广州海事法院既然认可电白二建对自身实体权利处理的结果，将执行款全部转入了坤龙公司账户，那么电白二建不可能承担没有收到任何款项的返还义务。

广东高院经审查，对广州海事法院查明事实予以确认。另查明，电白二建向广州海事法院提交了落款时间为“2015年5月23日”的《情况说明》，内容为：“兹有原广东电白二建工程有限公司，现更名为广东电白二建集团有限公司，已将（2010）民一终字第66号民事判决书中确认为广州市坤龙建筑安装工程有限公司与原广东电白二建工程有限公司共有的债权及其他全部权益，全部转让给了广州市坤龙建筑安装工程有限公司。贵院受理的（2010）民一终字第66号民事判决的执行案中，全部执行款项的权益均为广州市坤龙建筑安装工程有限公司所有，请贵院将全部执行款直接支付给广州市坤龙建筑安装工程有限公司。特此说明。”

电白二建、坤龙公司在（2019）粤 72 执异 17 号异议程序和（2019）粤执复 453 号复议程序中提交的书面意见均主张，电白二建根据最高人民法院（2010）民一终字第 66 号民事判决享有的全部债权均已转让给坤龙公司，广州海事法院亦已将执行款 197893607.50 元全部支付给坤龙公司。粤垦公司知悉上述情况且未对此异议。

广州海事法院在本案执行中经查未发现坤龙公司银行存款，裁定冻结了电白二建在广西交通银行 4510××××3321 账户的 11473067.94 元银行存款。

广东高院认为，本案的焦点问题是电白二建对超额执行款项是否负有返还给粤垦公司的义务。在坤龙公司、电白二建申请执行粤垦公司建设工程施工合同纠纷一案［案号为（2015）粤 72 执 159 号］执行中，申请执行人电白二建向广州海事法院提交《情况说明》，提出已将最高人民法院（2010）民一终字第 66 号民事判决项下电白二建享有的权益即执行债权全部转让给了坤龙公司，请广州海事法院将全部执行款直接支付给坤龙公司。广州海事法院据此将全部执行款项划付至坤龙公司账户，粤垦公司知悉电白二建上述债权转让的意见。因此，坤龙公司受让本案全部执行债权且在执行中收取全部执行款项，负有向粤垦公司返还超额收取款项的义务。而电白二建已将执行债权转让且未取得任何执行款，不应负担返还执行款项的义务。

综上所述，广州海事法院（2020）粤 72 执 159 号执行裁定书裁定电白二建向粤垦公司返还款项及（2020）粤 72 执 159 号之一裁定书裁定冻结电白二建银行存款，认定事实有误，故裁定应予部分纠正；（2020）粤 72 执异 19 号执行裁定驳回异议，应予撤销；电白二建、坤龙公司部分复议理由成立，法院应予支持；但因坤龙公司负有返还超额执行款项义务，上述（2020）粤 72 执 159 号及（2020）粤 72 执 159 号之一执行裁定仅能部分纠正，电白二建、坤龙公司复议请求全部撤销不能予以支持。广州海事法院应解除对电白二建在广西交通银行 4510××××3321 账户 11473067.94 元资金的冻结措施。2020 年 7 月 23 日，广东高院作出（2020）粤执复 722 号执行裁定，依照《中华人民共和国民事诉讼法》第二百二十五条以及《最高人民法院关于人民法院办理执行异议和复议案件若干问题的规定》第二十三条第一款第二项、第二款的规定，裁定如下：一、撤销广州海事法院（2020）粤72执159号执行裁定和（2020）粤72执159号之一裁定中执行电白二建的裁项内容；二、撤销广州海事法院（2020）粤72执异19号执行裁定；三、解除对电白二建在广西交通银行4510××××3321账户11473067.94元资金的冻结措施；四、驳回电白二建、坤龙公司的其他复议申请。

粤垦公司不服，向本院申请执行监督。请求：1. 撤销广东高院（2020）粤执复722号执行裁定；2. 维持广州海事法院（2020）粤72执异19号执行裁定；3. 维持广州海事法院（2020）粤72执159号执行裁定和（2020）粤72执159号之一执行裁定。事实与理由：（1）电白二建与坤龙公司依据（2010）民一终字第66号民事判决对申诉人享有的是连带债权，无论二者之间如何转让份额，均属于债权人的内部分配，其中一方收到执行款即应视为全部债权得到清偿，故对于多收取的执行款，二者也应承担连带返还责任。广东高院以电白二建未收取执行款为由认定其不负有返还义务是错误的。原《中华人民共和国民法通则》第八十七条规定："债权人或者债务人一方人数为二人以上的，依照法律的规定或者当事人的约定，享有连带权利的每个债权人，都有权要求债务人履行义务"。对于上述规定的连带债权，其外部效力在于各债权人均有权向债务人请求全部给付，而一个债权人受领了债务人的全部给付，即视为其他债权人的债权得以清偿。本案中，申诉人与电白二建及坤龙公司签订的《侨燕阁A座商住楼工程补充协议书》约定，由申诉人作为发包方，电白二建和坤龙公司共同作为承包方联合施工侨燕阁A座商住楼工程。根据该协议，电白二建和坤龙公司对约定的有关工程款等费用，二者均有权要求作为发包方的申诉人进行支付。最高人民法院在关于上述建设工程纠纷的（2010）民一终字第66号民事判决中，所确定的义务也是申诉人应向电白二建和坤龙公司支付工程款等有关费用，即电白二建和坤龙公司均有权要求申诉人履行判决确定的全部付款义务，二者也均作为申请执行人依据该判决申请了强制执行。换言之，电白二建和坤龙公司根据上述协议约定及判决对申诉人享有的是连带债权。则申诉人所支付的工程款等有关费用，所指向的对象是电白二建及坤龙公司的连带债权，而其二者如何分配或互相转让均属于债权人内部事宜，不能对抗作为债务人的申诉人；且对于执行法院收取执行款后如何划给债权人与申诉人无关，更不影响申诉人履行义务的对象。因此，坤龙公司作为连带债权的一方接受了执行款，应视为其与电白二建的共同受领，即申诉人已向电白二建和坤龙公司履行了义务，二者债权得以清偿。反之，对于多收取的执行款，电白二建无论是否收取过款项，也应和坤龙公司一起承担连带返还责任。（2）电白二建提交的落款时间为2015年5月23日的《情况说明》真实性存疑。即使是真实的，也仅属于付款指示而并非真正意义上的债权转让，坤龙公司一方收取执行款也应视为其与电白二建共同取得财产。广东高院未对《情况说明》的真实性及性质进行审查是认定事实有遗漏的。本案中，电白二建据以拒绝承担返还执行款责任并提出执行异议和复议的证据是一份落款时间为“2015年5月23日”的《情况说明》，广东高院也以此认定电白二建向坤龙公司转让债权的事实，但该证据的真实性严重存疑，具体理由如下：一方面，申诉人在本案的执行异议过程中，向负责执行（2010）民一终字第66号民事判决的广州海事法院申请查阅了该案执行程序的全部档案，但并没有在档案中看到电白二建提交的该份《情况说明》，也没有看到法院根据材料收转流程所出具的有关收到该文件的回执或接收材料清单。也即，对于电白二建是否真实向广州海事法院提交了该文件，甚至该文件是否属于其为提起本案执行异议所制作的虚假文书均是存疑的。另一方面，该份《情况说明》并未载明债权转让的时间及对价，也未附有转让协议。且说明的落款时间是“2015年5月23日”，但文件右上角的手写内容为“已收到 林晓彬 2019年6月10日”，其中林晓彬是负责执行（2010）民一终字第66号民事判决的执行法官助理。就算电白二建的确提交了该文件，但根据一般逻辑和常理可知，文件的落款时间和法院的收件时间是不可能相差4年的。换言之，电白二建的该份《情况说明》提交法院的确切时间明显存疑，存在落款日期倒签的可能，广东高院也未对该文件向法院提交的时间予以查明，实属认定事实遗漏。即使上述《情况说明》是真实的，广州海事法院收到该文件的时间也应为林晓彬法官所写的2019年6月10日。而申诉人于2019年5月31日即履行完毕最后一期的付款义务，同日广州海事法院向坤龙公司和电白二建发出（2015）广海法执字第159-2号执行通知书和短信，通知二者向法院提交付款申请。坤龙公司也据此于2019年6月6日向广州海事法院提交了《付款申请书》，确认收到了法院的执行通知并申请拨付执行款。2019年6月10日，即法院收到电白二建关于由坤龙公司收款的《情况说明》的当日，林晓彬法官即作出《付款说明》，向法院申请将执行款“拨付至申请执行人坤龙建筑安装工程有限公司、广东电白二建集团有限公司指定银行账户”。综合上述事实的发展过程及时间顺序可知，电白二建提交的《情况说明》实质上是在申诉人履行完毕义务且法院通知收款后，其与坤龙公司共同向执行法院指定由坤龙公司进行收款的一种“付款指示”，并非是实质意义上的债权转让。因此，坤龙公司一方接收款项即应视为其与电白二建共同取得了财产，对于多收取的款项，理应共同承担返还责任。（3）即使电白二建的确向坤龙公司转让债权并能够影响申诉人所履行义务的对象，但其并未按法律规定通知申诉人，故其债权转让行为对申诉人不发生效力，电白二建与坤龙公司仍是债权人并均应对多收执行款承担返还责任。（4）如上所述，电白二建和坤龙公司在（2015）粤72执159号案中同为申请执行人，则在执行回转中，电白二建作为原申请执行人依法应列为被执行人并负有返还财产义务。广东高院裁定解除对电白二建账户资金的冻结措施无法律依据。当时施行的《最高人民法院关于人民法院执行工作若干问题的规定（试行）》（以下简称《执行工作规定》）第109条规定，执行回转裁定应责令原申请执行人返还已取得的财产及孳息，拒不返还的，强制执行。很显然，在执行回转案件中，负有返还财产义务的是原申请执行人。在（2015）粤72执159号执行一案中，虽然电白二建主张已将债权转让给坤龙公司，但其仍然作为申请执行人参与该案的整个执行程序当中，并未变更申请执行人身份。即便暂且不论其债权转让行为是否对债务人即申诉人发生效力，仅凭电白二建作为原申请执行人，依据上述法律规定，在执行回转一案中，电白二建就应当作为被申请执行人承担返还财产的义务。根据《最高人民法院关于人民法院民事执行中查封、扣押、冻结财产的规定》第二条，人民法院可以查封、扣押、冻结被执行人占有的财产。广州海事法院在执行回转案中作出（2020）粤72执159号执行裁定和（2020）粤72执159号之一执行裁定，将电白二建列为被执行人并冻结其账户资金符合法律规定。因此，广东高院忽略了电白二建在原执行案件中的身份，径直裁定解除对其账户的冻结措施，于法无据。（5）本案相关执行过程历时良久且案情复杂，诸多问题争议较大，广东高院未依法对本案进行听证属于程序违法。

除了电白二建提交《情况说明》的落款时间外，本院查明的事实与广东高院查明的案件事实基本一致。本院另查明：

2014年11月6日，电白二建和坤龙公司共同作出执行申请书，就（2010）民一终字第66号民事判决向法院申请强制执行。

2018年5月27日，电白二建出具授权委托书，委托其员工彭亦陵作为坤龙公司、电白二建与粤垦公司执行案件的代理人。

2018年6月7日，广州海事法院作出（2015）广海法执字第159号民事通知书通知坤龙公司、电白二建和粤垦公司：根据广东高院2016年10月20日（2016）粤执复87号执行裁定的要求，广州海事法院对本案执行标的额进行核算，经核算本案执行标的金额截止2018年6月7日为188534943.36元，之后每日递增一般债务利息及加倍部分债务利息26141.52元，本案申请执行费为255934.94元。

2019年5月31日，广州海事法院作出（2015）广海法执字第159-2号执行通知书，通知坤龙公司、电白二建已执行到位金额197893607.5元，通知申请执行人在10日内向法院提交付款申请书。

2019年6月6日，坤龙公司提交“付款申请书”，提供其在中国建设银行广州太古汇支行的银行账户作为收款账户，同时主张电白二建已经确认，（2010）民一终字第66号民事判决的执行案件款项全归其所有。电白二建提供了一份落款日期为“2019年6月6日”的《情况说明》，表示“兹有原广东电白二建工程有限公司，现更名为广东电白二建集团有限公司，已将（2010）民一终字第66号民事判决书中确认为广州市坤龙建筑安装工程有限公司与原广东电白二建工程有限公司共有的债权及其他全部权益，全部转让给了广州市坤龙建筑安装工程有限公司。贵院受理的（2010）民一终字第66号民事判决的执行案中，全部执行款项的权益均为广州市坤龙建筑安装工程有限公司所有，请贵院将全部执行款直接支付给广州市坤龙建筑安装工程有限公司。特此说明”。

之后，广州海事法院将款项汇至坤龙公司提供的银行账户，中国建设银行回单表明汇款交易日期为2019年6月13日，收款人为“广州市坤龙建筑安装有限公司”，账户为4405××××1299，开户行为“中国建设银行股份有限公司广州太古汇支行”，金额为197893607.50元，付款人身份为广州海事法院，汇款附言为“付执行款”。

2019年6月10日，广州海事法院向坤龙公司、电白二建作出（2015）广海法执字第159号执行情况告知书，告知执行经过，指出执行款“将按照你方提交的付款申请支付至你方指定账户。本案已执行完毕，将按照法律规定解除对本案查封房产的查封措施”。

2019年6月19日，广州海事法院向粤垦公司作出（2015）广海法执字第159-3号执行通知书，通知其执行法院“已按照申请执行人广州市坤龙建筑安装工程有限公司、广东电白二建集团有限公司提交的付款申请，将本案执行款197893607.5元支付至申请执行人指定银行账户。”

2019年10月22日，广州海事法院向坤龙公司、电白二建作出（2015）广海法执字第159号结案通知书，告知经广东高院（2019）粤执复453号执行裁定确认，被执行人支付的款项已足以履行本案全部执行债务，本案全部执行完毕。

本院认为，本案的争议焦点如下：一是电白二建是否是原执行案件的申请执行人；二是电白二建是否通过原执行程序取得了财产。

（一）电白二建是否是原执行案件的申请执行人

申诉人主张电白二建是原执行案件的申请执行人。《中华人民共和国民事诉讼法》（以下简称民事诉讼法）第二百三十三条规定，“执行完毕后，据以执行的判决、裁定和其他法律文书确有错误，被人民法院撤销的，对已被执行的财产，人民法院应当作出裁定，责令取得财产的人返还；拒不返还的，强制执行”。《执行工作规定》第 65 条（原第 109 条）第 1 款规定：“在执行中或执行完毕后，据以执行的法律文书被人民法院或其他有关机关撤销或变更的，原执行机构应当依照民事诉讼法第二百三十三条的规定，依当事人申请或依职权，按照新的生效法律文书，作出执行回转的裁定，责令原申请执行人返还已取得的财产及其孳息。拒不返还的，强制执行。”该条第 2 款规定：“执行回转应重新立案，适用执行程序的有关规定。”根据上述规定，在执行回转案件中，特定民事主体必须满足两个要件才负有财产返还义务。第一个要件是，该主体是原执行案件中的申请执行人；第二个要件是，该主体经由原执行程序取得了财产。

本案中，在原执行案件即（2015）广海法执字第 159 号执行案件中，广州海事法院对案件执行标的金额进行核算，并将结果书面通知双方当事人。粤垦公司根据广州海事法院核定的数额履行完毕义务后，广州海事法院核定的执行标的 197893607. 50 元被广东高院以（2019）粤执复 453 号执行裁定变更为 186420539. 56 元，对于粤垦公司多支付的部分，粤垦公司申请执行回转，要求该案申请执行人返还。广州海事法院参照适用上述规定，对执行回转立案执行，并无不当。（2015）广海法执字第 159 号执行案件的执行依据将电白二建和坤龙公司共同明确为债权人，之后，电白二建与坤龙公司共同申请执行。（2015）广海法执字第 159 号执行案件从立案直至其结案的一系列法律文书载明，电白二建始终居于申请执行人地位。在该执行案件中，在粤垦公司将执行案款交付到广州海事法院后，广州海事法院要求电白二建和坤龙公司提交付款申请书。根据广州海事法院的要求，坤龙公司提交了付款申请书，明确电白二建已将债权转让给坤龙公司，并提供了收款账户等信息；电白二建提交了《情况说明》，明确其已将债权转让给坤龙公司，请法院将案款支付给坤龙公司。电白二建系根据广州海事法院要求其提交付款申请书的通知，提交了《情况说明》，但未同时提交债权转让合同等相关证据材料。根据《最高人民法院关于民事执行中变更、追加当事人若干问题的规定》第九条规定，“申请执行人将生效法律文书确定的债权依法转让给第三人，且书面认可第三人取得该债权，该第三人申请变更、追加其为申请执行人的，人民法院应予支持。”申请变更申请执行人的主体是受让债权的一方。坤龙公司提交了《付款申请书》，亦未明确申请将其变更为申请执行人。广州海事法院在收到《情况说明》后，将其视为付款申请书，根据该《情况说明》将案款汇入坤龙公司账户，并在后续法律文书中仍将电白二建列为申请执行人，并明确系根据申请执行人的付款申请将案款汇入申请执行人指定账户。因此，电白二建的《情况说明》和坤龙公司的《付款申请书》，不足以证明电白二建已经退出执行程序。即便《情况说明》中所述电白二建与坤龙公司之间的债权转让真实存在，但因当事人并未在执行程序中通过变更、追加当事人程序对执行当事人的身份地位进行变更，并不能在执行程序中产生变更申请执行人的效力。在执行程序中，电白二建始终是原执行案件的申请执行人。申诉人的该项主张成立，依法应予支持。

（二）电白二建是否通过原执行程序取得财产

申诉人主张广州海事法院将案款汇到坤龙公司账户，应视为电白二建和坤龙公司均取得了财产。原执行案件系因电白二建和坤龙公司共同申请执行而产生，执行依据并未明确电白二建和坤龙公司之间的债权份额。如前所述，电白二建是原执行案件的申请执行人，广州海事法院系根据电白二建和坤龙公司提交的付款申请，将应当发给电白二建和坤龙公司的案款，汇入双方指定的坤龙公司账户。电白二建和坤龙公司作为原执行案件的申请执行人，均在执行程序中取得了财产。广东高院仅凭《情况说明》和法院汇款入账账户就认定电白二建已经转让债权、并未取得财产，缺乏事实和法律依据，依法应予纠正。

综上，电白二建既是原执行程序的申请执行人，也是执行财产的实际取得人。依据民事诉讼法第二百三十三条、《执行工作规定》第65条，本案中，电白二建负有与坤龙公司共同向粤垦公司返还款项的义务，属于（2020）粤72执159号执行案件的适格被执行人，在电白二建和坤龙公司未自觉履行返还款项义务的情况下，人民法院对电白二建银行账户采取冻结措施，并不违法。

综上，申诉人的申诉理由部分成立。广东高院（2020）粤执复722号执行裁定认定事实和适用法律错误，应当予以纠正。广州海事法院（2020）粤72执异19号执行裁定、（2020）粤72执159号执行裁定和（2020）粤72执159号之一执行裁定认定事实清楚，适用法律正确，应予维持。参照《中华人民共和国民事诉讼法》第二百零四条和《最高人民法院关于适用〈中华人民共和国民事诉讼法〉的解释》第四百零七条，依照《最高人民法院关于人民法院执行工作若干问题的规定（试行）》第71条，裁定如下：

一、撤销广东省高级人民法院（2020）粤执复722号执行裁定；

二、维持广州海事法院（2020）粤72执异19号执行裁定；

三、维持广州海事法院（2020）粤72执159号执行裁定和（2020）粤72执159号之一执行裁定。

审 判 长　邵长茂
审 判 员　徐　霖
审 判 员　熊劲松

二〇二一年十二月六日

法官助理　薛圣海
书 记 员　陈晓宇

【地方法院案例与解析】

到期债权被冻结后次债务人擅自向被执行人履行的，应当承担赔偿责任

——次债务人日日顺供应链科技股份有限公司执行监督案

张　君*

【裁判要旨】

保全裁定生效期间，作为次债务人的第三人未提出复议，却擅自处分已冻结被执行人债权权益的，应依法追回。未能追回的，应依法承担赔偿责任。

第三人擅自处分债权权益后，在执行中又以《最高人民法院关于人民法院执行工作若干问题的规定（试行）》第47条为据，要求人民法院不得审查的，应不予支持。

案号：一审（执行异议）：（2021）豫0702执异106号

二审（执行复议）：（2021）豫07执复140号执行裁定

执行监督：（2021）豫执监335号执行裁定

【案情】

河南省新乡市红旗区人民法院（以下简称红旗区法院）查明：高某

* 河南省高级人民法院执行监督庭。

军与河南洪浩物流有限公司（以下简称洪浩公司）因运输合同纠纷诉至该院，该院于2018年11月18日作出（2018）豫0702民初5299号民事裁定，冻结洪浩公司名下120万元的银行存款或者查封其他等值财产。2018年12月27日，该院作出（2018）豫0702民初5299号民事判决，驳回高某军的诉讼请求。高某军对该判决不服，向新乡市中级人民法院（以下简称新乡中院）提出上诉，新乡中院于2019年8月14日作出（2019）豫07民终1351号民事裁定，撤销红旗区法院上述判决，发回重审。红旗区法院于2020年8月11日作出（2019）豫0702民初5830号民事判决：洪浩公司支付高某军运费566498.3元、放空费37706.61元、押金5万元及利息，驳回高某军的其他诉讼请求。高某军、洪浩公司对该判决不服分别上诉至新乡中院。新乡中院于2020年11月1日作出（2020）豫07民终4651号民事判决：撤销（2019）豫0702民初5830号民事判决；洪浩公司支付高某军运费624697.6元、放空费37706.61元、押金5万元及利息；驳回高某军的其他诉讼请求。二审审理期间，新乡中院于2020年11月3日作出（2020）豫07民终4651-1号民事裁定，对日日顺供应链科技股份有限公司（以下简称日日顺公司）价值120万元财产的保全措施予以续保；日日顺公司保全期间不得对洪浩公司清偿；若日日顺公司要求偿付的，可以向红旗区法院提存价款。

裁判文书生效后，根据高某军的强制执行申请，红旗区法院立案执行。执行案号为（2021）豫0702执118号。2021年3月23日，红旗区法院作出（2021）豫0702执118-1号文书，限日日顺公司收到该函后七日内将异议相关手续提交至立案庭，逾期视为放弃。日日顺公司向红旗区法院提出执行异议。红旗区法院审查后认为，该公司提出撤销（2021）豫0702执118-1号执行案件的异议请求不属于执行异议的审查范围，对其异议请求应予驳回。红旗区法院作出（2021）豫0702执异106号执行裁定，驳回日日顺公司的异议申请。日日顺公司向新乡中院申请复议，请求撤销（2021）豫0702执异106号执行裁定。新乡中院经审查后认为，红旗区法院在执行高某军与洪浩公司运输合同纠纷一案中，并未向日日顺公司下达履行到期债务的通知并要求其协助执行，日日顺公司对红旗区法院（2021）豫0702执118-1号函提出异议不属于执行异议案件的审查范围，裁定驳回日日顺公司的复议申请，维持红旗区法院（2021）豫0702执异106号执行裁定。

红旗区法院于2018年11月18日作出（2018）豫0702民初5299号民事裁定书，并于2018年11月29日送达日日顺公司，冻结日日顺公司（次债务人，以下简称第三人）所欠洪浩公司押金、运费120万元，冻结时间为一年。2019年1月23日，日日顺公司转账支付给洪浩公司延津分公司1853473.18元。2019年11月11日，红旗区法院作出续行冻结手续。2020年7月20日，日日顺公司支付给洪浩公司延津分公司508465.35元、200066.21元。2020年11月7日，新乡中院向日日顺公司送达续行冻结手续，冻结期限延至2021年11月9日。日日顺公司以其与洪浩公司业务合作项下不存在未结算款项为由向新乡中院提出异议，新乡中院对该异议未予处理。红旗区法院于2021年7月13日作出（2021）豫0702执118-1号责令责任人追回财产通知书，责令日日顺公司追回上述冻结的120万元。

【审判】

河南省高级人民法院（以下简称河南高院）经审理认为：《最高人民法院关于适用〈中华人民共和国民事诉讼法〉的解释》（以下简称《民事诉讼法解释》）第159条规定，债务人的财产不能满足保全请求，但对他人有到期债权的，人民法院可以依债权人的申请裁定该他人不得对本案债务人清偿。该他人要求偿付的，由人民法院提存财物或者价款。红旗区法院和新乡中院据此在审判程序中冻结洪浩公司对日日顺公司享有的债权，限制日日顺公司向洪浩公司清偿，并无不当。本案中，对红旗区法院送达的要求协助冻结洪浩公司债权的通知，日日顺公司虽未提出异议，但并不影响此后续行冻结该债权时，其依法对续行冻结的民事裁定行使复议救济权。新乡中院作出该民事裁定的审判部门对日日顺公司所提出的异议，未依法适用复议程序审查，显属不当。

《民事诉讼法解释》第 168 条规定：“保全裁定未经人民法院依法撤销或者解除，进入执行程序后，自动转为执行中的查封、扣押、冻结措施，期限连续计算，执行法院无需重新制作裁定书……”因此，案件进入执行程序后，新乡中院作出的续冻裁定的效力持续到执行程序中。根据《最高人民法院关于人民法院立案、审判与执行工作协调运行的意见》第 18 条的规定，利害关系人对保全裁定不服申请复议的，由作出保全裁定的部门负责审查。但是案件进入下一程序的，由有关程序对应的受理部门负责审查该事项。因此，红旗区法院在受理本案的执行申请后，向日日顺公司发函，限其于七日内向该院提出执行异议，程序正当。日日顺公司根据红旗区法院的通知，向该院提出了执行异议。其请求事项虽然是“请求依法撤销（2021）豫 0702 执 118-1 号执行案件”，并未明确是针对执行案件中的哪个执行行为，但是，其在异议书事实和理由部分明确写明是对协助执行事宜提出异议。因此，红旗区法院应对向日日顺公司送达协助执行是否合法进行审查。但红旗区法院和新乡中院将日日顺公司的异议内容解释为系对（2021）豫 0702 执 118-1 号函所提异议，与事实不符，以不属于执行异议的审查范围为由驳回日日顺公司的异议和复议申请，结果亦属错误。

关于对到期债权的执行，《最高人民法院关于人民法院执行工作若干问题的规定（试行）》第 47 条规定，第三人在履行通知指定的期间内提出异议的，人民法院不得对第三人强制执行，对提出的异议不进行审查。日日顺公司如果对洪浩公司没有债务，根据该规定向红旗区法院提出异议即可。但是，红旗区法院在 2018 年 11 月要求日日顺公司履行扣留对洪浩公司债款的协助义务后，日日顺公司并未向红旗区法院提出异议，而是在 2019 年 1 月 23 日向洪浩公司延津分公司支付了 1853473.18 元货款。日日顺公司称与洪浩公司延津分公司存在物流运输合同关系，与洪浩公司既无业务往来，也没有债权债务关系。但根据公司法第 14 条规定，分公司不具有法人资格，其民事责任由公司承担。洪浩公司延津分公司是洪浩公司的分公司，不具有法人资格，不能独立承担民事责任；其即使有自己的财产，也隶属于洪浩公司。因此，日日顺公司与洪浩公司延津分公司因合同关系产生的民事责任，应由洪浩公司承担；其向洪浩公司延津分公司支付合同款项，视同向洪浩公司付款；其在收到法院的协助执行通知后向洪浩公司延津分公司付款的事实，证明其对洪浩公司负有债务。故红旗区法院和新乡中院向日日顺公司送达扣留洪浩公司债权的协助通知书并无不当。日日顺公司关于对洪浩公司没有债权债务关系的异议不能成立。根据日日顺公司的陈述，新乡中院作出（2021）豫07执复140号执行裁定后，红旗区法院在2021年10月18日从该公司账户扣划了部分款项。日日顺公司对该扣款行为再次提出异议，红旗区法院和新乡中院分别进行了异议和复议审查。红旗区法院的扣划款项行为系新的执行行为，不属于（2021）豫07执复140号执行裁定审查范围。日日顺公司也未申请对新乡中院作出的新的复议裁定进行监督，故红旗区法院扣划款项的执行行为是否合法本院不予审查。

综上，新乡中院（2021）豫07执复140号执行裁定，认定事实清楚，虽然理由不当，但处理结果正确，依法应予维持。日日顺公司的申诉理由不能成立，不予支持。参照民事诉讼法第211条第1款，依照《最高人民法院关于人民法院执行工作若干问题的规定（试行）》第71条之规定，裁定驳回日日顺公司的申诉请求。

【评析】

到期债权属于财产权利，系被执行人的责任财产，人民法院依法可以强制执行。但由于法律和司法解释对到期债权的执行仅作了原则的规定，实践中存在较大争议。主要表现在保全的效力、保全程序与执行程序的衔接、到期债权的次债务人（第三人）的程序保障权等。本案中，涉及第三人日日顺公司在接到执行法院作出的冻结到期债权的保全裁定后没有提出异议的情况下，在执行程序中能否再提出异议，人民法院对该异议是否应进行审查以及应采取何种标准进行审查，第三人在到期债权冻结期间擅自向被执行人清偿是否应承担责任以及承担何种责任的问题。

一、第三人异议与执行行为异议的区分

根据《最高人民法院关于人民法院执行工作若干问题的规定（试行）》第45条规定，被执行人不能清偿债务，但对本案以外的第三人享有到期债权的，人民法院可以依申请执行人或被执行人的申请，向第三人发出履行到期债务的通知（以下简称履行通知）。第47条规定，第三人在履行通知指定的期间内出异议的，人民法院不得对第三人强制执行，对提出的异议不进行审查。即第三人自收到履行通知之日起十五日内可以向执行法院提出异议。该异议系第三人否认到期债权而提出的异议，可以称之为“债务不存在异议”。由于被执行人与第三人之间是否存在债权债务关系属于实体权利的内容，未经过审判程序予以确认，因此，人民法院在执行程序中不宜进行审查，否则就有以执代审的嫌疑。故司法解释规定对第三人提出的异议人民法院不进行审查，且也不得对第三人强制执行。

应当注意的是，根据《民事诉讼法解释》第484条规定，对被执行的财产，人民法院非经查封、扣押、冻结不得处分。对银行存款等各类可以直接扣划的财产，人民法院的扣划裁定同时具有冻结的法律效力。据此，在到期债权的执行过程中，人民法院亦应当作出冻结裁定，否则不得对该到期债权进行处分。对此，《民事诉讼法解释》第499条第1款明确规定，人民法院执行被执行人对他人的到期债权，可以作出冻结债权的裁定，并通知该他人向申请执行人履行。如果第三人提出异议的，人民法院亦不应进行审查，也不得进行强制执行。

上述司法解释规范的是执行程序中到期债权的执行及第三人的程序保障问题，但对于诉讼保全程序如何与执行程序进行有效衔接，仍存在法律空白。根据《民事诉讼法解释》第159条规定，债务人的财产不能满足保全请求，但对他人有到期债权的，人民法院可以依债权人的申请

裁定该他人不得对本案债务人清偿。该他人要求偿付的，由人民法院提存财物或者价款。据此，在诉前、诉讼保全程序中，人民法院可以对被保全人对第三人的到期债权采取保全措施。但是，根据民事诉讼法第 111 条规定，当事人对保全或者先予执行的裁定不服的，可以申请复议一次。复议期间不停止裁定的执行。因此，能够对保全裁定提出复议申请的只有当事人而不包括第三人。而根据《最高人民法院关于人民法院立案、审判与执行工作协调运行的意见》（以下简称《意见》）第 21 条规定，保全财产不是诉讼争议标的物，案外人基于实体权利对保全裁定或者执行行为不服提出异议的，由负责审查案外人异议的部门根据民事诉讼法第 227 条（2021 年修正后条文序号调整为第 234 条）的规定审查该异议。也就是说，在保全程序中，若案外人对执行标的提出异议的，人民法院应当受理审查，但对于第三人能否提出异议则未作出规定。而《意见》第 18 条第 7 项规定的当事人或者利害关系人对财产保全裁定不服，申请复议的，由作出财产保全裁定的部门负责审查。其中的利害关系人按照体系解释应当属于民事诉讼法第 104 条规定的利害关系人，不包括第三人。很显然，在保全程序中，对第三人的程序保障明显缺失。但若从体系解释的角度，可以参照适用《最高人民法院关于人民法院执行工作若干问题的规定（试行）》第 47 条的规定，即第三人在收到财产保全裁定的十五日内可以直接提出“债务不存在”异议，人民法院亦不应再进行审查，也不应再对其强制执行。

综上，无论是在执行程序中，还是在保全程序中，第三人均可在接到履行通知或保全裁定的十五日内提出异议，该异议并非单纯地对执行行为提出的异议，而是对其与被执行人之间是否存在债权债务关系提出的异议，实质上是否认与被执行人存在实体权利义务关系，但这不属于执行程序审查的范围。如果申请执行人认为其与被执行人之间存在权利义务关系，可以另行提起代位权诉讼，以保障其权利的实现。本案中，由于日日顺公司提出的异议已超过法定期限，因而不应再按照第三人“债务不存在”异议的规则处理。

二、第三人保全时没有提出异议而在执行程序中提出异议的，应作为执行异议进行审查

对于第三人在保全到期债权时没有提异议，而在进入执行程序时才提异议应如何处理，有不同的观点。一种观点认为，人民法院在保全时虽然向第三人送达了保全裁定书和协助执行通知书，但在执行时仍需要向第三人发出履行债务通知，而履行通知包含第三人对履行到期债权有异议的，应当在收到履行通知后的十五日内向执行法院提出的内容，故第三人在收到履行通知十五日内提出异议的，人民法院不进行审查，也不应再执行。第二种观点认为，人民法院向第三人送达保全裁定书和协助执行通知书后即发生冻结的效力。在进入执行程序后，保全裁定书和协助执行通知书即为执行依据。人民法院按照执行依据执行时，可以直接向第三人发出履行通知。如果第三人对该执行行为提出异议，人民法院应当按照民事诉讼法第232条的规定进行审查，异议成立的，终止执行；异议不成立的，继续执行。第三种观点认为，自有关冻结裁定和协助执行通知书送达协助人时，就对协助义务人产生法律上的约束力，从法律上应当视为债务人在第三人处确实有财产。第三人不及时提出异议，导致债权人丧失保全债务人其他财产的机会，并最终导致债权人的债权不能受偿的，第三人应当承担赔偿责任。

上述观点都有一定的道理。但第一种观点系对司法解释的机械理解，没有注意到保全裁定亦是执行依据，亦是生效的法律文书。这种把生效法律文书的执行和履行通知割裂开来的做法并不足取。第三种观点实际上是把冻结裁定和协助执行通知视为确定的执行依据，第三人对执行依据提出异议，执行法院不再予以审查。但忽略了到期债权执行的特殊性，即到期债权为无形财产，即使冻结裁定已经生效，也无法判断是否已予现实冻结。如第三人与被执行人确实没有债权债务关系，让第三人承担赔偿责任目前尚缺乏法律依据。第二种观点区分了债务不存在异议和执行行为异议，将执行中第三人提出的异议视为执行行为异议，并依法进

行审查，平衡了当事人的利益关系，是一种比较务实的做法。

《最高人民法院执行工作办公室关于到期债权执行中第三人超过期限提出异议等问题如何处理的请示答复》（〔2005〕执他字第19号）明确："第三人在收到履行通知后，未在法定期限内提出异议，并不发生承认债务存在的实体法效力。第三人在法院开始强制执行后仍有异议的，应当得到司法救济。"但这里存在两个问题：一是第三人在收到履行通知后未在法定期限内提出异议"不发生承认债务存在的实体法效力"，那么是否发生程序法效力，什么效力？二是第三人应得到何种"司法救济"？该答复第3条给出的答案是"考虑到目前我国尚无第三人异议之诉的法律制度，为公平保护各方当事人的合法权益，根据本案中已经责令双方兑账及当事人提出审计要求的实际情况，可在执行程序中通过对被执行人与第三人双方的全部往来账目进行逐笔核对，或者委托有关单位进行审计并经三方共同认可，最终审核确认后，决定是否继续执行"。这在当时被认为是一种创新。[①] 不过，该答复也注意到，鉴于存在执行中不能行使审判权这一普遍观念，故该案情况下的审核确认应当有一定的自我限制，即在程序上虽然可以要求第三人参加到执行程序中来，并使之负有如实报告的说明义务，同时又不能将有关实体法律关系的意见强加给当事人。[②] 该答复虽然针对的是执行程序中第三人在收到履行通知后未在法定期限内提出异议应如何处理的问题，但与第三人在保全程序中未提出而在执行程序中又提出异议具有相似之处，具有参考价值。

根据《民事诉讼法解释》第168条规定："保全裁定未经人民法院依法撤销或者解除，进入执行程序后，自动转为执行中的查封、扣押、冻结措施，期限连续计算，执行法院无需重新制作裁定书，但查封、扣押、冻结期限届满的除外。"结合《民事诉讼法解释》第499条第1款的规定，保全的到期债权进入执行程序后，人民法院仍应当向第三人发出履

① 参见江必新主编：《人民法院执行工作规范全集（上）》，人民法院出版社2017年版，第603页。

② 参见江必新主编：《人民法院执行工作规范全集（上）》，人民法院出版社2017年版，第603页。

行通知，如果第三人此时提出异议的，因保全裁定和履行通知虽“不发生承认债务存在的实体法效力”，但仍发生程序法的效力，即保全裁定为生效的裁定，具有执行力。对第三人提出的异议，不宜再按照《最高人民法院关于人民法院执行工作若干问题的规定（试行）》第 47 条的规定既不审查也不执行，而应当将该异议转化为执行行为异议，由执行法院参照民事诉讼法第 232 条的规定予以审查，第三人的异议成立或部分成立的，对成立的部分不予执行；理由不成立的，裁定驳回，继续执行。虽然执行异议审查的是当事人之间的实体权利义务关系，有执行权代替审判权的意味，但这是基于对生效保全裁定权威的尊重，在到期债权执行制度进一步完善以及债务人异议之诉制度全面建立以前，可以作为暂时的替代方案。从执行实践来看，对执行异议实行有限的实体审查也具有一定的正当性并符合执行实际。例如，《最高人民法院关于刑事裁判涉财产部分执行的若干规定》第 14 条规定，执行过程中，当事人、利害关系人认为执行行为违反法律规定，或者案外人对执行标的主张足以阻止执行的实体权利，向执行法院提出书面异议的，执行法院应当依照民事诉讼法第 225 条（2021 年修正后条文序号调整为第 232 条）的规定处理。

本案中，河南高院裁定认为，日日顺公司根据红旗区法院的通知，向该院提出了执行异议，并在异议书事实和理由部分明确写明是对协助执行事宜提出异议。因此，红旗区法院应对向日日顺公司协助执行是否合法进行审查。但红旗区法院和新乡中院将日日顺公司的异议内容解释为系对（2021）豫 0702 执 118-1 号函所提异议，与事实不符，以不属于执行异议的审查范围为由驳回日日顺公司的异议和复议申请，属于审查结果错误。该结论实值赞同。

三、被执行人或其他人擅自处分被人民法院查封、扣押、冻结的财产应当承担赔偿责任

《最高人民法院关于人民法院执行工作若干问题的规定（试行）》

第32条规定，被执行人或其他人擅自处分已被查封、扣押、冻结财产的，人民法院有权责令责任人限期追回财产或承担相应的赔偿责任。本案中，红旗区法院于2018年11月18日作出（2018）豫0702民初5299号民事裁定书，并于2018年11月29日送达日日顺公司，冻结日日顺公司对洪浩公司押金、运费等到期债权120万元，冻结时间为一年。红旗区法院和新乡中院分别于2019年11月11日和2020年11月7日，向日日顺公司送达续行冻结手续，冻结期限延至2021年11月9日。上述冻结裁定已经发生法律效力，日日顺公司不得对该债权擅自进行处分。但日日顺公司却于2019年1月23日擅自转账支付给洪浩公司延津分公司1853473.18元，其行为明显违法。红旗区法院于2021年7月13日作出（2021）豫0702执118-1号责令责任人追回财产通知书，责令日日顺公司追回上述冻结的120万元有法律依据。这进一步正当化了对日日顺公司提出的异议只能按照执行异议审查处理，而不应按照《最高人民法院关于人民法院执行工作若干问题的规定（试行）》第47条规定处理的做法。否则，红旗区法院的责令责任人追回财产通知书就没有法律根据。因此，河南高院认定日日顺公司"在收到法院的协助执行通知后向洪浩公司延津分公司付款的事实，证明其对洪浩公司负有债务。故红旗区法院和新乡中院向日日顺公司送达扣留洪浩公司债权的协助通知书并无不当。日日顺公司关于对洪浩公司没有债权债务关系的异议不能成立"是正确的。

至于日日顺公司所称的与洪浩公司延津分公司存在物流运输合同关系，与洪浩公司既无业务往来，也没有债权债务关系。这种辩解显然没有法律根据，是对法人制度的严重曲解。

综上所述，现有法律和司法解释对到期债权的执行制度尚不完善，尤其是第三人在保全时没有提出异议而到执行阶段才提出异议，或者在执行时超过法定期限提出异议应如何处理还存在较大争议。本案采取了比较务实的做法，即在尊重生效保全裁定的权威性的前提下，也给第三人提供了救济途径，认为执行法院应当对第三人提出的异议进行审查，虽然根据查明的事实没有支持第三人的异议请求，但纠正了红旗区法院和新乡中院对第三人的异议不予审查的错误做法。在保全裁定生效期间，日日顺公司擅自处分被人民法院冻结的财产，应当依法限期追回，没有限期追回的，应当依法承担赔偿责任。第三人享有的程序保障权并不能当然免除其应当履行的法定义务。

后　记

《执行工作指导》是最高人民法院执行局主办的季度性连续出版物，在指导全国法院执行工作实践，为一线干警提供有针对性和权威性业务指导方面发挥了重要作用。本辑《执行工作指导》的顺利出版离不开各方的大力支持、通力合作。感谢熊劲松、徐霖、李宗诚、王宝道、杜圣杰、黄丽娟、叶欣、燕东申、苏国梁、杨云、郭怀希、薛晗、陈晓宇、王雪梅、李伟凡、李莎、周凯雯、常跃、邵凯琦、谷雨龙等同志对本辑编辑、校核工作付出的努力。同时也感谢人民法院出版社对本辑出版的辛勤付出！

——征稿启事——

《执行工作指导》是最高人民法院执行局编发的业务指导出版物，主要刊登最新执行政策与精神、执行裁判规则、执行典型案例、执行理论研究成果，旨在促进全国法院执行干警准确掌握法律精神、助推执行工作、繁荣执行理论。

本书所设主要栏目及其情况如下：

【执行局长论坛】刊登最高人民法院执行局局长和地方法院执行局局长关于执行工作的理论思考、热点研究、实证分析类的文章。

【最高人民法院执行局法官会议纪要】选择最高人民法院执行局法官会议讨论过的具有典型性和指导意义的案件进行刊登。

【最高人民法院执行裁判规则疏议】对最高人民法院裁判文书确定的规则进行梳理和解读。

【最高人民法院案例与解析】刊登最高人民法院具有指导价值的案例。

【地方法院案例与解析】刊登地方法院具有典型性和推广价值的案例。

【执行热点前沿】刊登强制执行领域优秀学术论文、理论研究成果，介绍域外制度。

【调研与实证】刊登强制执行领域优秀调研报告、实证研究成果、经验总结和改革创新动态。

【执行管理和信息化专题】刊登执行指挥中心实体化运行、执行管理和执行信息化方面的动态、成果及前沿问题探讨。

【民事强制执行热点】刊登民事强制执行法起草过程中的理论研究

成果及前沿问题探讨。

【执行信箱】刊登各地法院执行工作中遇到的代表性问题及最高人民法院执行局答复意见。

本书诚邀全国各级法院同仁和专家学者撰稿。来稿要求如下：

1. 具有较强的典型性、创新性和指导价值。

2. 具有原创性，因稿件引起的任何版权纠纷由投稿人负责。

3. 撰写格式请参照本书相关部分的内容，注释援用《中国法学》体例。

4. 其他栏目来稿，请以电子邮件形式发送至 zhixingcankao@ sina. com。邮件标题处请标明稿件所属的投稿栏目和作者单位、姓名。格式为："执行信息化专题–××省高级人民法院李××"。在稿件正文后，请详细提供如下信息：标题、作者姓名、单位全称、通信地址、邮政编码、联系电话、电子邮箱地址及身份证号码，以便于联系和邮寄稿费。

5. 本书所采稿件，按照规定支付相应稿酬。因缺少支付稿酬所需账号等原因尚未收到稿酬的，请与本书编务组联系。

《执行工作指导》编委会